名久井文明 ［著］

生活道具の民俗考古学

籠・履物・木割り楔・土器

吉川弘文館

まえがき

　表題の「民俗考古学」は「民俗考古学的研究方法」の略であり，その概略については姉妹編の『食べ物の民俗考古学―木の実と調理道具―』（名久井2019）で述べた。この研究法が現行の考古学研究法と異なる点は，既知の出土遺物の未知の側面を見定める研究や，出土遺物の形成に関わった諸技術を探究する研究，未発見の遺物が存在した蓋然性やその態様を考察する研究などにあたって民具学や民俗学の研究成果を参考にするという，その方法論にある。

　一例を挙げると縄紋時代以降の遺跡から薄くて長い樹皮がカールした状態で発掘されることがある。そんな特徴的な形状の樹皮が，木から，どんな季節にどのような方法で採取されたのか，その遺物を穴のあくほど観察しても，あるいは，いかに高性能の分析機器を駆使したとしてもわからないだろう。また縄紋時代の遺跡から発掘された石斧柄に堅く装着されていたと推測される樹皮の輪に継ぎ目が認められないという遺物がある。そんな特徴的な樹皮の輪が，木から，どんな季節にどのような方法で採取されたのか，その樹皮の輪をどれほど精査したとしても理解することはできないに違いない。そんな，現行の考古学研究法では立ち往生する疑問も，古老の腕に伝えられてきた民俗的技術を参照すると氷解するのである。

　もう一つ，目からウロコのように民具によって解決する例を挙げよう。古墳から発掘された木棺には直径が1ｍを超える大木を割って内部を刳り貫き，身と蓋を上下に組み合わせて作られた例がある。しかしそんな大木をどんな道具を使って割ったか，研究は全く行われていない。それは，たぶん古墳時代の遺跡から発掘される鉄斧のように柄を横向きに着ける斧で，こんな大木を割るための深い「ひび」を入れようと思ったら斧の柄を壊すに決まっていると，誰もが予想できるからであろう。では古墳時代の工人はどのようにして割ったかと民俗事例を参考にすると，袋部に真っ直ぐな柄を挿入して叩き込む［袋矢］が用いられている。木割り専用に作られたそのような袋部を備えた，民具と同じ

鉄製の木割り楔が古墳時代にはなかったのかと探索すると，何のことはない「有袋鉄斧」の中に埋没している。

　上に挙げたのは，民具学や民俗学の成果を参考にすることで初めて光明を見出すことが叶った一例に過ぎない。本書で取り上げた，籠作り技術（第1章），『万葉集』にも詠われた「隔て編み」（第2章），樹皮製曲げ物の側板を作るときに樹皮を裏返しに使う「裏見せ横使い」（第3章）などは，それぞれの時代の民俗的技術である。それらが時空間を大きく隔てた現代例と緊密に関連していることを明らかにし得たのも，民具学や民俗学の研究成果を参考にしたからである。

　「民俗考古学的研究方法」が，現行の考古学研究法では明らかにできなかった3万年以上も前の旧石器の使途を理解するうえでも有効であることを裏付けたのが「木割り楔の時空間的展開」（第4章）である。木口に「矢」を打ち込むことで木を割り始める方法が旧石器時代からすでに行われていたという論説も，結局は民具学や民俗学の研究成果が起点になっていることは本文で述べたとおりである。

　ところで，上に挙げた諸例の場合，まず遺物が実在しており，その形成事情や機能，使途などを考察する際に民具や民俗的技術を参照しているわけだが，これらに対して未見の遺物を予見する研究を可能にするのも「民俗考古学的研究方法」の特徴である。本書では第5章の「縄紋人の履物を推理する」と第6章の「土器の発明——試論」がその例である。どちらの場合も直接的証拠は発見されていないものの，民具学や民俗学の研究成果を参考にすることによって，出土遺物の中に，直接証拠に準ずる根拠を見出し，そこを起点として未だ発見されていない物質文化の追究を試みた例である。

　このように「民俗考古学的研究方法」には現行の考古学研究方法では解明できなかった，あるいは接近できなかった研究領域を拓く可能性がある。本書は，「民俗考古学」に初めて言及した拙著『伝承された縄紋技術——木の実・樹皮・木製品——』（名久井 2012）（以下，前掲拙著と記す）ならびに姉妹編『食べ物の民俗考古学——木の実と調理道具——』（名久井 2019）と共に，この研究方法がもっている可能性について論じたものである。

目　　次

ま え が き

第1章　現代籠作り技術の起源………………………………………………… *1*

は じ め に ……………………………………………………………………… *1*

第1節　編み，組み技術の研究史…………………………………………… *1*

第2節　編み，組み技術伝承の永続性と広域分布……………………… *4*
　　　　　──「網代組み」を例として

　　1　「網代組み」という名称………………………………………… *4*

　　2　出土遺物に見る「網代組み」技術の永続性と広域分布 ……… *8*

第3節　民具の籠類に受け継がれた縄紋時代起源の諸技術………… *11*

　　1　籠類の器体形成技術……………………………………………… *11*

　　2　出土遺物と民具に共通する各種の側面形成技術…………… *19*

　　3　出土遺物と民具に共通する口縁形成技術…………………… *27*

ま　と　め ………………………………………………………………… *29*

第2章　こも編み・隔て編み ……………………………………………… *31*

は じ め に ……………………………………………………………………… *31*

第1節　古代の畳薦 ………………………………………………………… *31*

　　1　畳　　薦 …………………………………………………………… *31*

　　2　「薦」の使途 ……………………………………………………… *32*

　　3　「薦」の製作材料──「熟麻」と「細縄」………………………… *35*

第2節　民具の薦編み台……………………………………………………… *36*

第3節　隔 て 編 み …………………………………………………………… *38*

　　1　炭俵を編んだ民具の［すご編み台］…………………………… *38*

　　2　民具に見る「隔て編み」………………………………………… *41*

第4節　万葉時代の薦編み用具推察 ………………………………… 44

　　1　薦編み用の台板 ………………………………………………… 44

　　2　薦編み用の「重り」 …………………………………………… 44

　　3　編み糸や縄を巻き溜めた「重り」を宙吊りにする操作法 ………… 46

　　ま　と　め ……………………………………………………………… 48

第3章　樹皮製曲げ物を作る側板の「裏見せ横使い」 ……………… 49

　は　じ　め　に ………………………………………………………… 49

　第1節　民具の樹皮製曲げ物に見る表裏の使い分け ……………… 49

　　1　側板を作る樹皮の「表見せ縦使い」 ……………………… 49

　　2　側板を作る樹皮の「裏見せ横使い」 ……………………… 51

　第2節　発掘された樹皮製曲げ物の「裏見せ横使い」 …………… 57

　　1　主要な素材──ケヤキ樹皮の表裏識別 ………………… 57

　　2　発掘された「裏見せ横使い」の樹皮製曲げ物 ………… 61

　第3節　縄紋時代から現代へ受け継がれた「裏見せ横使い」 ………… 70

　　ま　と　め ……………………………………………………………… 72

第4章　木割り楔の時空間的展開 ……………………………………… 73

　は　じ　め　に ………………………………………………………… 73

　第1節　木口から大木を割る現代の民俗事例 ……………………… 73

　第2節　発掘された木割り楔 ………………………………………… 77

　　1　折れる前の基部側と接合した木割り楔 ………………… 77

　　2　発掘された木割り楔の固有形態 ………………………… 80

　第3節　「太型蛤刃石斧」の機能と柄の用法推察 ………………… 88

　　1　太型蛤刃石斧 ……………………………………………… 88

　　2　手持ちで使う木割り楔 …………………………………… 91

　　3　太型蛤刃石斧の柄と用法 ………………………………… 93

　第4節　縄紋時代草創期および移行期の木割り楔 ………………… 96

　第5節　後期旧石器時代の木割り楔推察 …………………………… 99

まとめ ……………………………………………………………… *107*

第5章　縄紋人の履物を推理する …………………………………… *109*

はじめに ………………………………………………………………… *109*

第1節　民具の履物 ……………………………………………………… *109*

  1　動物性素材の履物 ………………………………………………… *110*

  2　植物性素材の履物——底部形成の基礎，4本芯縄 ……………… *116*

  3　最強の「わら」製履物——ウシ，ウマに履かせた［くつ］の底 ……… *125*

第2節　縄紋人の履物を推理する ……………………………………… *127*

  1　縄紋人が使った素材の推察 ……………………………………… *127*

  2　縄紋人が履物の底を作った技術の推察 ………………………… *131*

  3　全体的形状 ………………………………………………………… *135*

  4　縄紋人の履物を推理する ………………………………………… *136*

まとめ ………………………………………………………………… *137*

第6章　土器の発明 ……………………………………………………… *139*
——試論

はじめに ………………………………………………………………… *139*

第1節　民具が示唆する最初期の
　　　　「水を漏らさぬ容器」とその機能 …………………………… *139*

  1　土器以前の「水を漏らさぬ容器」 ………………………………… *139*

  2　自然物素材の民具が示唆する
　　　　最初期の「水を漏らさぬ容器」とその機能 ……………………… *140*

第2節　後期旧石器時代人が「水を漏らさぬ容器」を
　　　　必要とした理由（推察）……………………………………… *144*

  1　後期旧石器時代人が入手できた木の実 ………………………… *144*

  2　後期旧石器時代人の「あく抜き」技術推察 ……………………… *145*

  3　後期旧石器時代人による木の実の搗き潰し …………………… *146*

第3節　後期旧石器時代人は
　　　　「水を漏らさぬ容器」を製作できたか ……………………… *147*

　　1　後期旧石器時代人の周りにあった樹皮素材と，その物理的性質 … *147*

　　2　後期旧石器時代人が持っていた樹皮採取用具 ……………………… *154*

第4節　調理に使える「水を漏らさぬ樹皮製容器」……………………… *156*

　　1　アイヌ民族の「樹皮なべ」………………………………………… *156*

　　2　「樹皮なべ」の起源……………………………………………………… *158*

第5節　「水を漏らさぬ樹皮製容器」の機能確認実験 ………………… *162*

　　1　「なべ」として使用可能な樹皮製容器の製作実験……………… *162*

　　2　「樹皮なべ」による調理実験と，判明した弱点 ………………… *167*

　　3　土器発明への歩み──後期旧石器時代人による「樹皮なべ」の弱点対策… *173*

ま　と　め ………………………………………………………………… *173*

あとがき ………………………………………………………………… *175*

引 用 文 献 ……………………………………………………………… *178*

挿 図 目 次

第1章　現代籠作り技術の起源
図1-1　正倉院宝物 篷簇龕（部分）　*4*
図1-2　描かれた網代　*7*
図1-3　縄紋時代以降の出土例に見る網代組み技術　*9〜14*
図1-4　組んだ底と「回し」の組み方　*16*
図1-5　器形を開く，閉じるための経材の増減　*17〜18*
図1-6　出土遺物と民具に共通する各種の「組む」技術　*20〜25*
図1-7　出土遺物と民具に共通する「編む」技術　*26*
図1-8　口縁を形成する技術　*27〜28*

第2章　こも編み・隔て編み
図2-1　薦 編 み 台　*37*
図2-2　薦編みの「重り」　*37*
図2-3　すご編み台と「すご」の編み方　*39〜40*
図2-4　民具の［炭すご］に見る「隔て編み」　*41*
図2-5　民具の［まくり畳］に見る「隔て編み」　*42*
図2-6　発掘された，薦編み用の台板　*45*
図2-7　発掘された薦編みの「重り」　*46*
図2-8　編み縄を巻き溜めた［重り］の操作法　*47〜48*

第3章　樹皮製曲げ物を作る側板の「裏見せ横使い」
図3-1　樹皮を「表見せ縦使い」にした民具の曲げ物　*50*
図3-2　樹皮を「裏見せ横使い」にした民具の曲げ物　*53〜56*
図3-3　ケヤキ樹皮に見る表裏識別の指標　*58〜59*
図3-4　古墳時代の樹皮製曲げ物　*60〜62, 64〜69*

第4章　木割り楔の時空間的展開
図4-1　柿板生産に見る木割り方法　*74〜76*
図4-2　折れる前の基部側と接合した木割り楔　*78〜79*
図4-3　上端が破壊された木割り楔　*80〜82*
図4-4　上端に細かな調整剝離を施した木割り楔　*83〜85*
図4-5　上端に潰し加工が施された木割り楔　*86〜87*

図4-6　基部が破壊ないし調整された太型蛤刃石斧　　*89〜90*

図4-7　民俗事例に見る木割り楔，および疑似磨製石斧による木割り実験　　*92〜93*

図4-8　貫通孔を開けた太型蛤刃石斧の柄　　*94*

図4-9　古墳時代の大型木製品　　*95*

図4-10　縄紋時代草創期および移行期の木割り楔　　*96〜98*

図4-11　後期旧石器時代の木割り楔　　*100〜102, 104〜106*

第5章　縄紋人の履物を推理する

図5-1　サケ皮で作った履物　　*111*

図5-2　毛皮で作った「くつ」　　*112〜114*

図5-3　民具の「わら」製履物　　*117〜120*

図5-4　編んで製作した上部構造　　*121*

図5-5　「かかと」から足首を保護する履物　　*123〜124*

図5-6　ウシ，ウマに履かせた履物　　*125〜126*

図5-7　樹皮・蔓皮製の［わらじ］［ぞうり］　　*128〜129*

図5-8　「ねこ編み」による民具と木枠　　*132〜133*

第6章　土器の発明——試論

図6-1　ホラガイを使った民具　　*141*

図6-2　クバの青葉で作る「クバなべ」　　*142*

図6-3　民具の［ホタテの貝焼き］（再現写真）　　*143*

図6-4　後期旧石器時代人の周りに存在した樹皮と同一素材の，民具に見る利用例　　*150〜153*

図6-5　石小刀で剝いだサクラの樹皮　　*155*

図6-6　アイヌ民族の樹皮利用とその前史　　*159〜161*

図6-7　水を漏らさない樹皮製容器の製作・調理実験　　*165〜168*

図6-8　「樹皮なべ」による調理実験　　*170*

図6-9　「樹皮なべ」の弱点　　*172*

第1章　現代籠作り技術の起源

は じ め に

　遺跡から発掘された籠類に見られる，底から作り始める製作手順や器形を変えるために経材を加減する方法，底や側面など平面を形成する技術の大部分や口縁部を始末する方法の何種類かは現代の籠作り技術に共通している。現代籠作り技術の大枠は縄紋時代に完成されていたと見られる。

第1節　編み，組み技術の研究史

　わが国が経済成長期に入って以降，列島各地には高速交通網が張り巡らされ，地方都市でも飛行場の新設や拡張，大規模なニュータウンや工業団地などの開発が盛んに行われた。列島改造の名のもとに展開された大土木工事に伴って，以前には考えられなかった大規模発掘が全国各地で行われ，籠類を含む植物性遺物の出土例も急増した。例えば約7500年前の縄紋時代早期後半の人々が残した佐賀県東名遺跡からは736点の籠類の大小破片が発掘されたし，約4000年前の縄紋時代後期の人々が暮らした福岡県正福寺遺跡からは160点の，東京都下宅部遺跡からは49点の「編組製品」が，約2000年前の弥生時代の鳥取県青谷上寺地遺跡からは59点の「かご」が発掘されている。そのほか，ここに名前を挙げない数多くの遺跡からも籠類やその断片が発掘されたから，研究者たちは以前と比較にならぬほど多くの出土籠類の現物や発掘調査報告書に掲載された写真，実測図を通観できることになった。

　自分がそれらを見て甚だ印象深く思ったのは，遺跡から発掘された籠類，あるいは破片から推測できる製品が，昔，農家の軒下や作業場の壁に掛けられていた民具とよく類似していることだった。自分は何千年という時空間を隔てた両者の籠に幾種類もの形成技術が共通している事実に直面して，両者が深いところでつながっていると実感せざるを得なかった。同時に気付いたのは明治時

代から研究者たちが観察し，学術雑誌等に紹介してきた土器底部に圧痕を残した製品を形成した諸技術は，発掘された籠類の底面や側面を形成している諸技術の一部に過ぎないということだった。

そのように，発掘された籠類の現物と土器の底部圧痕，そして民具の籠類という，時代も形態も大きく異なっている三者の形成技術が共通している事実を目の当たりにして，自分は，わが国の考古学界にはこれらを包括的に鳥瞰する研究方法が存在していないという事実を痛感せざるを得なかった。辛うじて行われているのは明治時代以来の土器底部圧痕を分類したり表記したりするぐらいのもので，急増しつつある出土籠類の造形技術を分析的に観察して民具と共通している点の文化的意味を考察するような研究法が存在していないのは，わが国考古学研究上の大きな欠落と思えたのである。

自分は，この三者を包括的にとらえる研究方法が必要であると考え，そのためには製作者からの情報が得やすい民具の籠作り技術を指標のようにして発掘例への接近を図ることが最も効果的であるに違いないと着想した。しかし学史を紐解くと出土遺物と民具との関連性に着目した研究法は，すでに杉山寿栄男が昭和10年代に提起していた。杉山は民具の籠作り技術を参照することが縄紋時代の技術を理解することにつながると説いたのだが，当時の日本考古学界は坪井正五郎が明治時代に提案した土器底部圧痕の研究法から抜け切れず，杉山の問題提起を発展的に受け継ぐ研究は行われなかったのである。自分は，諸遺跡から数多くの籠類が発掘されつつある今，当時の籠作り技術に接近するためには杉山の視点こそ重要であると確信し，その着想を発展的に継承しようと決めた。前掲拙著（157～188頁）で可及的多種類の出土籠類と民具の籠類に見られる諸技術例を対照させたのは，時空を大きく隔てた両者の文化的関連性を指摘しようと意図したからにほかならない。

わが国で，もとを正せば1本に過ぎない植物性素材どうしを，さまざまな方法で関連づけることによって生活用品に仕上げる技術の研究が始まったのは大森貝塚の発掘調査報告書が刊行された明治12（1879）年以降のことだった。著者のモースが，土器の「底ニ席紋アリ」と指摘したことで，各地の研究者たちの目が土器の底部圧痕に注がれることになったのである（大森貝塚保存会編1967）。各地で資料を渉猟した研究者たちは学術雑誌等にさまざまな種類の敷

物圧痕を紹介したが，なかでも考古学界に大きな影響を与えたのは，東京大学理学部教授として人類学を講じていた坪井正五郎だった。坪井は明治26（1893）年に，土器底部等に残された製品圧痕である「編物」の構造上の違いを「二二編み」とか「三三編み」という形で表記する方法を提示したのである（坪井正五郎 1893）。さらに明治32（1899）年には土器の底等に残された各種の圧痕の構造を分析的に精査し，それが7種に分類できると説くとともに，それまでの「記し方」に手を加え，「○本超え○本潜り（左・右）○本送り」という方式で表す方法を提示した（坪井正五郎 1899）。その坪井方式は平面的製品の構造を表記できる画期的な方法として評価され，広く受け入れられて現在まで継承されている。

　しかし坪井が後世に与えた影響で何よりも大きかったのは，土器の底などに残された「編物」の圧痕を「網代形編物」と呼んだことだった。坪井はそれを「アンペラや葛籠の様な編み物を指すので，薄くて幅の狭い物質を縦横其他種々の方向に並べて組み合はせた物の事」と説明したのである。しかしそれを図や写真で例示しなかったため，坪井の言う「網代」がどのような構造の製品を指すのか研究者たちに伝わらず，日本中の研究者に無原則な理解を許す結果になってしまった。すなわち土器底部等に敷物圧痕が付いてさえいれば，それがすなわち網代痕であるとする誤解が広まったのである。その誤解が，坪井論文が世に出てから120年を経た現在も払拭されていないことは一部の考古学用語辞典の解説からも理解できる。

　昭和17（1942）年に杉山寿栄男が民俗事例の籠作り技術に着目すべきことを提起したが当時の考古学界からは少しも顧みられなかった（杉山寿栄男 1942）。考古学界にとって籠作り技術を研究するうえで耳を傾けるべきは，肩書の立派な坪井正五郎が唱えた方法論であって，民俗事例を援用しようとする杉山寿栄男の研究方法は突飛にでも見えたのか，まともには扱われなかったのである。

　自分は平成21（2009）年に書いた論文の中で「民俗例から判明する坪井分類，坪井方式の限界」という項目を設け，坪井以来の研究法を批判した（名久井 2009）。自分の基底にあったのは，陸続と発掘されている籠類と民具の籠作り技術との共通性が判明しつつある今，坪井流の方法論で土器の底部圧痕を分類したり素材構成を表記したりするところで止まっていたのでは，出土籠類と民

具との共通性が意味するところを追究する新たな展望は望めないという問題意識であった。だから坪井の方法論を批判した形ではあったが，それは，現状認識に基づいた新たな方法論を見出せないでいる日本考古学界への問題提起でもあったのである。

第2節　編み，組み技術伝承の永続性と広域分布
──「網代組み」を例として

　籠作り技術に関して自分がどうしても取り上げたいのは，縄紋時代から現代まで受け継がれてきた永続性と，列島全域に及んでいる広域性についてである。そのための格好の材料として取り上げたいのは縄紋時代草創期から1万年を超えて受け継がれてきた網代組み技術である。

1　「網代組み」という名称

　正倉院文書の「東大寺献物帳」は奈良東大寺に献納された聖武天皇遺愛の品々を中心とした目録である。そこに書き出されている品々の中に，

図1-1　正倉院宝物 簏篠龕（部分）（帝室博物館編1929）

木画紫檀双六局一具　牙床脚　納漆縁籐簾龕　裏悉漆

というものがある（竹内理三編 1967）。龕とは仏像を納める厨子のことをいうが，聖武天皇ゆかりの品を収納する「入れもの」を表すうえで，これに勝る呼称はなかったのであろう。その籐簾龕は正倉院宝物の一つとして現代まで伝えられているので，この上なく緻密に製作された最高度の技術の一端を実物や写真で知ることができるわけだが，出版物等でそれを見ると籐簾とは龕の表面を装飾した貼り物であると理解される（図1-1）。

　古代に籐簾と表記され，箱等に貼られることがあった平面的製品とはどのような製作だったのであろうか。手掛かりの一つは平安時代の昌泰年間（898〜901）に僧昌住がまとめた『新撰字鏡』である。その竹部六十二に，

　　簾　直除反　安无之路

と見える（塙保己一編 1982）。簾はジョと読み，「あむしろ」のことであるというのである。この「簾」は前出の籐簾にも使われているから両者は同種のものを指していると理解される。そのことはもう一つの手掛かりからも察することができる。すなわち同じ平安時代の承平年間（931〜938）に源順が撰んだ漢和辞書の『倭名類聚抄』の「屏障具」第百八七に，

　　籐簾　方言曰江東謂之籐簾　和名　阿無師路

とあり，『新撰字鏡』と「あむしろ」が共通している（京都大学文学部国語学国文学研究室編 1968）。

　この『倭名類聚抄』を江戸湯島の挨斎狩谷望之が文化年間（1804〜18）に校訂，考証し，それが『箋注倭名類聚抄』として明治16（1883）年に刊行された。挨斎はそこで「網代」の呼称，用字の背景について次のように述べている。

　『新撰字鏡』に説かれている「安无之路」（あむしろ）は「阿美无志路」（あみむしろ）を短縮したもので「編蓆」のことである。その「あみむしろ」が後に簡略化されて「阿志路」と称されるようになり「網代」の字を借りるようになった，というのである。自分は挨斎の解釈に同感で，奈良時代の「東大寺献物帳」や平安時代の辞書に表記された籐簾は，「あむしろ」「あじろ」と称されたものであると理解する。

　『源氏物語』の「宿木」に，乗り物を表すものとして「あじろ」が出てくる。紫式部がそれを平仮名で書いたか，漢字で「籐簾」と書いたか，それとも簡略

に「網代」と書いたか知るすべはないが，乗り物で「あじろ」と発するのは後世の「網代車」に通じるものに違いない。だからこれは牛車の上にしつらえた座席を囲む小部屋のように作った区画の表面に，タケ材を装飾的に組んだ簟簾すなわち「網代」を貼り付けた製作であったと推測できる。では簟，簟簾と書かれ，「あみむしろ」「あむしろ」「あじろ」と称された製品，すなわち「網代」の平面形成技術は具体的にどのようなものであったか。

　正倉院宝物の簟簾龕が最高度に手の込んだ製作であったことは触れたとおりだが，牛車にも使われる一般的な簟簾はどのようなものであったかというと，見るべきは平安時代以降に描かれた絵画資料である。例えば平安時代末期に描かれ，小松茂美博士によって研究された『伴大納言絵詞』は有職故実に忠実であると理解されているが，その中の舎人の家の壁が「人字形」模様で描かれていることに注目したい。このように垣や壁，腰壁などを「人字形」模様で描く例は，『年中行事絵巻』（平安時代後期）に描かれた板葺屋根の家の壁，『一遍上人絵伝』（鎌倉時代）に描かれた柿葺の屋根の建物の壁，あるいは武士の館の塀，『長谷雄草紙』（鎌倉時代）に描かれた魚を商う家の壁などにも見受けられるが，それらが実際にはどのような構造物を描写したものであったか理解できる好例がある。鎌倉時代に描かれたと推察されている『狭衣物語絵巻』に描かれた蔀（図1-2-1）がそれで，薄くて幅のある素材が異方向から交差し，「人字形」に入り組む様子が明瞭である。それとよく似たものが室町時代に描かれたらしい『福富草紙』の垣（図1-2-2）にも見えるから，中世には薄い素材を入り組ませて，これらの絵のような形状に組む平面的製品が存在していたと見るのが妥当である。

　蔀や垣のような平面的製品ばかりでなく各種の箱のような立体的製品を「人字形」模様で描写することは中世から江戸時代まで続いた。例えば「七十一番職人歌合」（中世）には皮籠が（岩崎佳枝校注 1993），『守貞漫稿』（近世）には箱，つづら，惣網代の乗物，駕籠の屋根，竹網代笠など，「人字形」で描かれている例が珍しくない（喜多川守貞ほか編 1981）。幸いなことに，それらの類例が民具として現存している例があり，その観察によって，古代から「人字形」に省略されたのは「網代組み」製品であったことが判明するのである。

　そのような民具の製作例を踏まえていうと，「網代組み」は薄く帯状に整え

た，経材，緯材用のタケ材やイタヤカエデなどの木材，あるいは樹皮，蔓皮その他の素材をおおむね縦横に入り組ませて平面を形成する類で，平面上に階段状の装飾的配置が左上または右上へ向かって表れる類をいう。そのとき縦横に入り組ませる素材には，幅や厚さ，形状などを同様に整えたものを用い，互いに規則性を維持しながら浮沈，交差させるわけだが，2本を飛び越えた後に次の2本を潜らせる「二本飛び網代」，3本を飛び越えた後に次の3本を潜らせる「三本飛び網代」などの組み方がある。その技術を基礎としながら装飾にいっそうの工夫を凝らして，組んだ目を正方形に配す「枡網代（四方網代）」，長方形に表す「長枡網代」，さらに枡網代を八方に連続させる「連続枡網代」も作

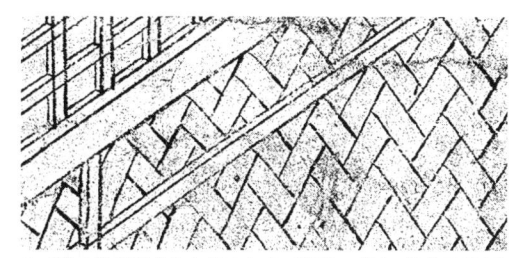

図1-2　描かれた網代

1　『狭衣物語絵巻』に描かれた「網代の蔀」鎌倉時代（小松編1979より部分引用）

2　『福富草紙』の網代 室町時代（小松編1980より部分引用）

られた。民具にはこれらの技術を複合させたり，一部の素材を染色したりする例もある。いずれの技術も籠や箱の類，それに伴う蓋といった立体的製品の形成に多用されるが，平面的製品にも駆使される。

　上のような理解の上に立って図1-2-1・2を見ると，中世の蔀や垣を構成

している素材の組み方は現代竹工芸で言うところの「二本飛び網代」にほかならない。また前出の正倉院宝物の簾簗龕の表面装飾は「網代組み」を基本としながら最も装飾的に構成された「連続枡網代」に類する製作である。

2　出土遺物に見る「網代組み」技術の永続性と広域分布

（1）永　続　性

　民具に見られる「網代組み」技術の素材構成を指標として，稀有な伝世資料や各地の遺跡から発掘された籠類の破片を概観すると破片が大部分である。それは，ほとんどが何千年も土中にあって辛うじて腐朽を免れた出土遺物だからである。

　図1-3に例示した以外にも，籠類の大小破片が数多く発掘されているが，仮にそれらを総動員したとしても時間軸上には間隙が甚だ多い。問題はその間隙の解釈で，これを技術的断絶の証と見るわけにはいかない。なぜなら断絶した度に再生が繰り返されたこと，その再生品は，断絶前の「網代組み」技術と必ず同一のものだったという不思議が，全国各地で1万年以上にもわたって繰り返されたといった，あり得ない想定をしなければならなくなるからである。

　縄紋時代草創期の「網代組み」例は今のところ土器の底部圧痕しか発見されていないが，各時代の「網代組み」技術例は発掘遺跡が増えればさらに増加することは目に見えているから，「網代組み」技術は少なくとも縄紋時代草創期から現代まで1万年以上にわたって途切れることなく伝承されてきた技術の一種であることに疑いを挟む余地はないのである。併せて強調しておかなければならないのは，「網代組み」技術例は以下で述べる籠作りのために駆使される諸技術の一部に過ぎないということである。

（2）広　域　分　布

　前項で挙げた網代組み技術の永続性とともに，留意しておきたいのは地理的分布の広域性である。いま図1-3に挙げた網代組み技術の存在が確認される諸遺跡の地理的分布を見ると興味深い事実に気付く。例えば同図2の青森県三内丸山遺跡のほか，同3の神奈川県羽根尾貝塚例，同4の福井県鳥浜貝塚，同5の熊本県曾畑貝塚の諸例はどれも，共存した土器の特徴から縄紋時代前期と呼ばれる時期区分に属している。日本考古学の発達史を振り返ると，初めは土

図1-3 縄紋時代以降の出土例に見る網代組み技術

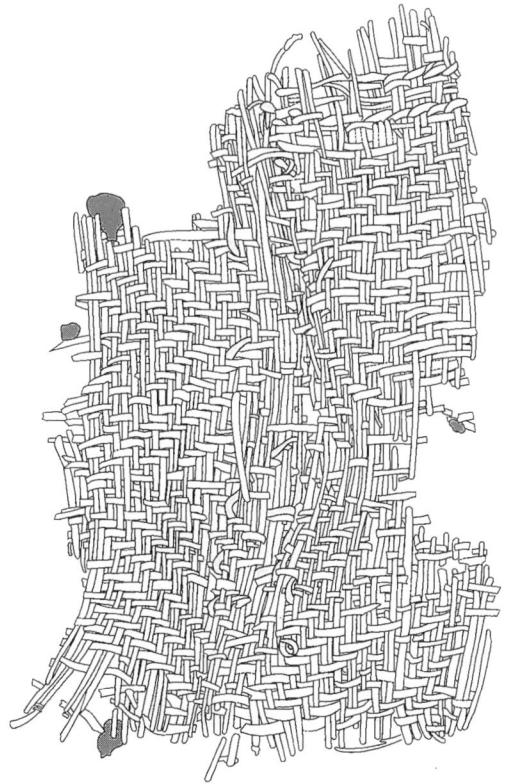

2 縄紋時代前期の2本飛び網代組み
青森県三内丸山遺跡(青森県教育庁
文化課編1998)

1 縄紋時代早期の連続枡網代組み 佐賀県東名遺跡(佐賀市
教委編2009)

器に新旧の別があることや，その分布域がほとんど解明されていなかった。そ
んな時代から，主として縄紋土器に表出された諸特徴の精細な観察，比較，分
析を行って研究を先導し，後に全国を網羅することになる土器編年表の基礎を
固められたのは山内清男先生だった。今では世界にも例がないほど緻密になっ
た編年表のおかげで，どこの地方の，どの時代に，どんな土器が分布していた
かわかるようになっている。それを踏まえて言えることだが，上記の「網代組
み」製品が発掘された地名を見ると，同じ縄紋時代前期でも，そこで作られて
いた土器の様相は全く異なるものだった。言い方を変えると，図示した「網代
組み」製品や，その製作技術は土器文化圏の境界を軽々と越えて，甚だ広範囲

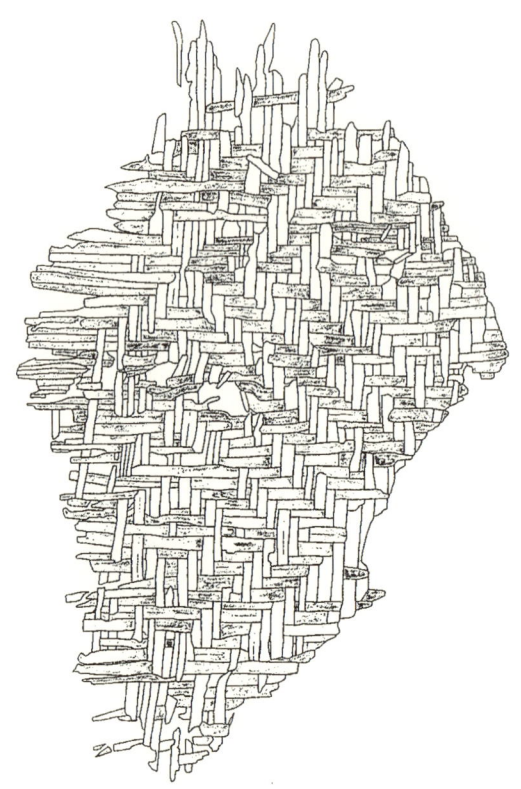

3 縄紋時代前期の連続枡網代組み　神奈川県羽根尾貝塚(玉川文化財研究所編2003)

4 縄紋時代前期の2本飛び網代組み　鳥浜貝塚(福井県教委編1979)

に展開しているということになる。

　そのような広域分布の事実は，土器が発明されるよりもずっと以前に，籠作り技術が列島内に行き渡っていた過去があったことを示唆しているのか，それとも土器文化圏とは，それぞれの集団が自らの帰属を明示する手段として土器を選んだ結果に過ぎず，籠作り技術の広域分布には特別な意味がないのか，あるいはさらに別な理由があったのか，今のところ何とも言えない。それでも籠作り技術が縄紋時代草創期から現代まで，広範囲，かつ途切れることなく伝承されてきたのが客観的事実であることは間違いない。

　そのように永続性をもち，広範囲に分布した籠作り技術の中身について，もう少し詳しく見てみよう。

5 縄紋時代前期の2本寄せの2本飛び網代組み　曾畑貝塚(熊本県教委編 1988)

第3節　民具の籠類に受け継がれた縄紋時代起源の諸技術

1　籠類の器体形成技術

(1) 籠作りの二大技術——「編む」と「組む」

こよりを「縒る」と言い，縄を「なう」と言う。同じ紐状製品でも羽織の紐や帯締めを作る動作なら「組む」と言う。引く，碾く，挽く，曳く，弾く，擽く等が好例であるように先人たちは意味によって用字をきちんと使い分けてきた。ところがその割に，どうにも据わりが悪いのが籠を作る動作を表す呼称である。ふつう「籠を編む」と言うが，それは万葉の時代から受け継がれてきた表現である。文学ならそれで何ら問題ないが，技術の分析的観察から開始される物質文化研究では，そうはいかない。

第1節の研究史では詳述しなかったが，明治10年代以降の研究者たちが観察対象にした土器底部の敷物圧痕は，その呼称こそ「アジロ形」「網代」「編物」

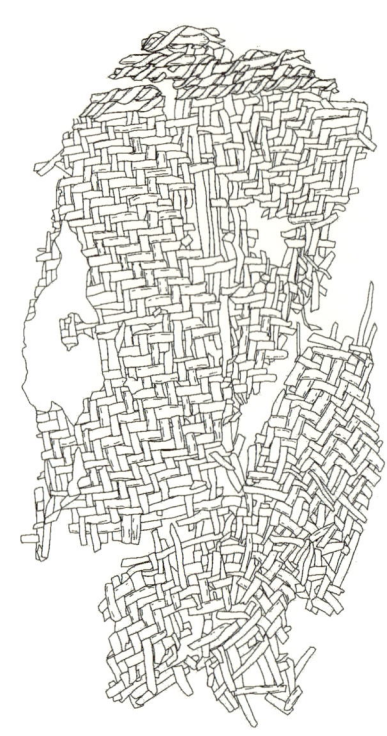

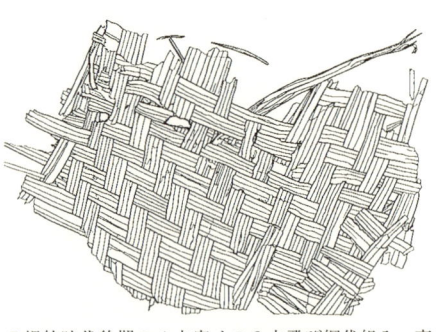

7 縄紋時代後期の4本寄せの2本飛び網代組み　東京都下宅部遺跡(下宅部遺跡調査団編2006)

6 縄紋時代中期の2本飛び網代組み　富山県桜町遺跡(小矢部市教委編2007)

「編み物押し形」「網代形編物」など，表現はまちまちだったものの，共通しているのはすべて「編み物」として表記されていたことである。しかし自分は少なくとも江戸時代以降の

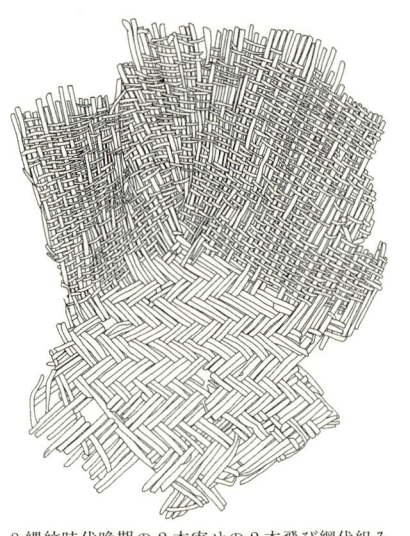

8 縄紋時代晩期の2本寄せの2本飛び網代組み　福島県荒屋敷遺跡(三島町教委編1990)

例として，「網代」の製作技術を表すのに「組む」と表現した次のような見識に耳を傾けたいのである。

　江戸時代に書かれた随筆『好古日録』には「車ノヒアジロハ，古昔ハ檜ヲ以テクミタル故ニヒアジロト云」とか「車ノヒアジロハ，竹ヲ日ニ白クサラシテ，クミタル物也」と記されている（神宮司庁 1970）。同じく『続視聴草』では「打揚網代腰」について，網代の本字を用いて「腰ヲ篭篠ニ組タルナリ」と記している（神宮司庁 1970）。昭和5（1930）年に刊行された『史前学雑誌』第2巻

第4号に杉山寿栄男が書いた
「石器時代有機質遺物の研究
概報——特に是川泥炭層出土
品に就いて」という一文では
「竹質製品」の例として「容
器」を「組物」と「編物類」
に分けている（杉山寿栄男
1930）。「編む」と「組む」の
使い分けについては，これま

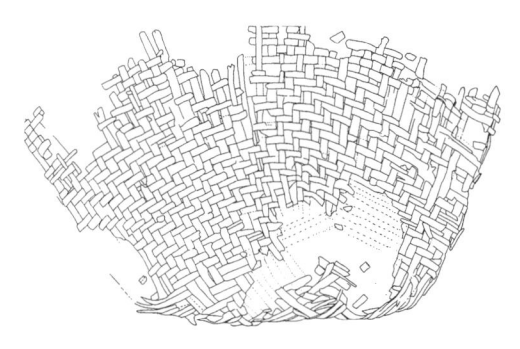

9弥生時代の2本飛び網代組み　富山県江上A遺跡（上市町
　教委編1984）

10奈良時代の網代組み例　正倉院宝物　花籠　墨書の「天平勝寶九歳五月二日」は757年（名久井
　2009）

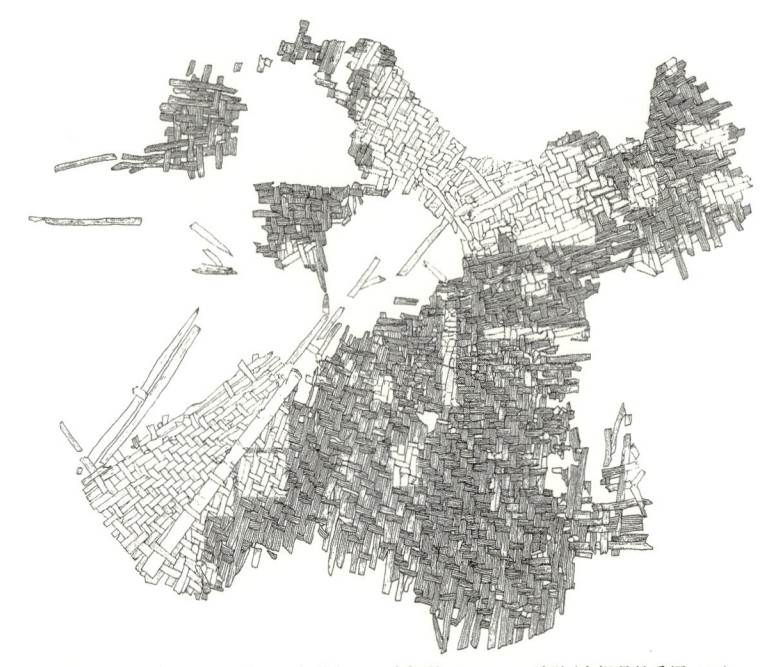

11奈良時代～平安時代の２本飛び網代組み　島根県タテチョウ遺跡（島根県教委編1987）

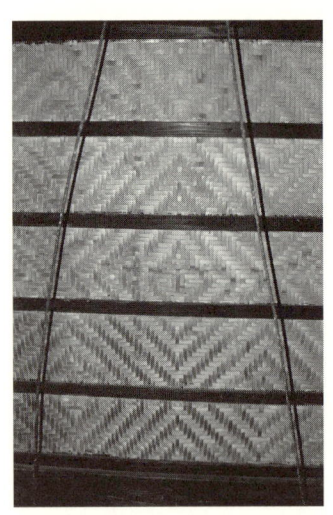

13現代民俗例　籃胎漆器長角盆

12江戸時代の連続枡網代組み［駕籠］
（鹿児島県歴史資料センター黎明館
所蔵）

で考古学界でも民俗学界でも改めて論じられたことがないと思われるが，両者の異同を見分けることができる人々は，きちんと使い分けてきたのである。自分は，物質文化研究の必要からその辺りを整理したいと考え，「編む」と「組む」の相違について，自分の見解を前掲拙著（157〜161頁）で明らかにした。

（2）底から作り始める造形手順

普通の籠を製作するにあたって，まず底から作り始めることは，編み籠でも組み籠でも，民具でも出土例でも変わりない。その手順は，この列島の住人が籠を作った最初から現代まで一度も断絶することなく伝承されてきたものに違いない。前掲拙著（161〜188頁）では「籠類の造形手順」，「組んで作る円形の底」，「編んで製作した円形の底」，「組んで製作した四角形の底」などについて，民俗事例と発掘された遺物を対照させた。本書では新たに，籠の底を網代に組んだ後に必ず行われる「回し」の組み方について触れたい。

民具の籠を観察するとわかることだが，製作者が底を網代に組み終えたとき素材は底の四方に伸びているから四隅には空白域が生じている。もしも，その四方に伸びている素材を急角度で起こして，別素材を緯材として組むと箱型の容器が形成される。青森県三内丸山遺跡出土の有名な小籠（図1-3-2）はその類である。しかし組んだ底を中心としてもう少し大きな底を形成しながら側面を緩やかな傾斜で立ち上げたい場合には，四隅に生じた空白域を埋めなければならない。そんなとき，製作者は底を組み終わった直後の素材を直近の空白域に向けて強制的に寄せ，その間を別に準備した素材を浮沈させることによって固定した。経材を強制的に調整，固定するための「回し」の素材は，結果的には飛びござ目風の外観となったわけだが，民具に普通に認められるこの民俗的技術を踏まえると，発掘された籠類の製作方法が見えてくる。

図1-4-1の岡山県百間川原尾島遺跡例の底部は破損が大きいため詳しくは読み取れないが，たぶん網代に組んだ底であったろう。そこから経材が立ち上がった所に右斜め上に向かって上がる飛びござ目風の目が見えるのは「回し」の素材であり，その後でやはり「ござ目組み」に変化して上方へ向かっている。このように網代に組んだ底から立ち上がる経材を回す例は発掘された籠類にも珍しいものではなく，図1-3-10の正倉院宝物の花籠にも見ることができる。

図1-4-2の福島県で採集した民具の籠の底は二本寄せにしたマタタビの材

図1-4　組んだ底と「回し」の組み方

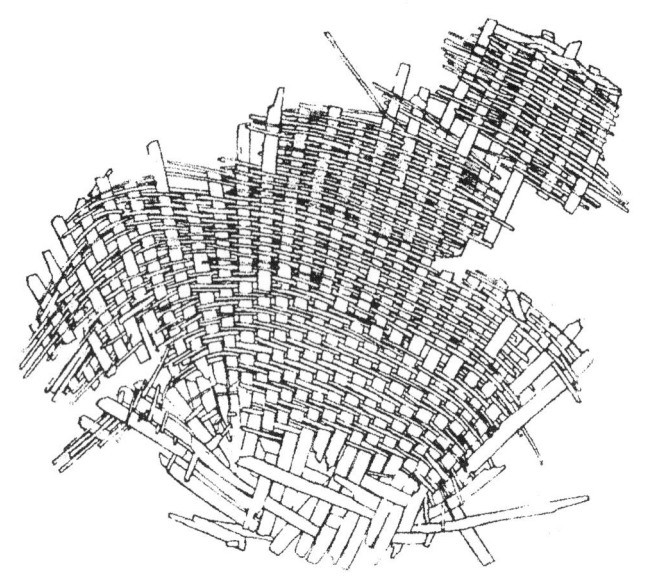

1 古墳時代〜飛鳥時代の網代底と回し　岡山県百間川原尾島遺跡（岡山県教
　委編1984）

2 民具の網代底と回し（福島県只見町）

を二本飛び網代に組んだもの
だが，その周囲に右斜め上に
向かって組まれた「飛びござ
目」風の目が見える。それは
網代底の四隅に生じた空白を
埋めるために経材を強制的に
引き寄せながら緯材を回した
痕跡である。

　こうして見ると網代底から
経材を立ち上げるために別素
材で回す手法は，器体を開く
とか膨らませる場合に，どう
しても必要な作業として縄紋
時代から受け継がれ，現代に

至っているのである。

（3）器形を変える経材の増減

現代籠作り技術と出土遺物との関連性については前掲拙著のほか，短文を数回にわたって書いたことがあるが（名久井 2015〜16），本書で改めて述べたい。前掲拙著（166頁）では「器形を変える手法」のうち，経材を増やすことで器形を開く例として縄紋時代中期の佐賀県坂の下遺跡から出土した大破片の写真と，福島県只見町の民俗事例である手籠の写真を対照させたが，本書では同じ主旨で別の例を挙げておきたい。

図1-5-1は戸平川遺跡出土の籠の大破片で，報告書掲載図の一部に自分が着色を施したものだが，それらの経材は1か所で編み込まれた後，2つに分割もしくは追加することで本数を増やしている。器形を開くための細工である。

図1-5-2の東名遺跡例では側面を形成するために役割を担ってきた

図1-5　器形を開く，閉じるための経材の増減

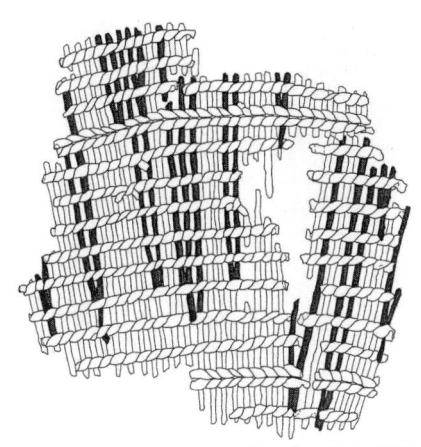

1 器形を開く例 縄紋時代晩期　秋田県戸平川遺跡（秋田県教委2000『戸平川遺跡』の掲載図に着色）

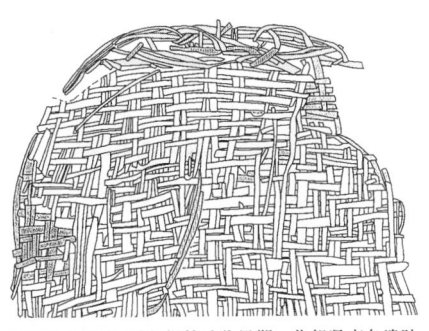

2 器形を閉じる例 縄紋時代早期　佐賀県東名遺跡例（佐賀市教委編2009より部分引用）

複数の経材が，上端の口縁部に近づいた辺りで引き寄せられ，経材の全体数を減らしている。これは器形をすぼめるための手法であった。

図1-5-3の民具の［びく］はテープ状に整えたヤマブドウの蔓皮で組み上げたものだが，注目したいのは70本以上の経材を使って，たっぷりと形成された胴体部が首の部分で顕著にくびれていることである。このとき胴体部を形成した経材を1本も減らすことなく，そのすべてがくびれた首部に集中しているわけだが，その製作を可能にするため採られた方法が，肩部を過ぎた部分で隣

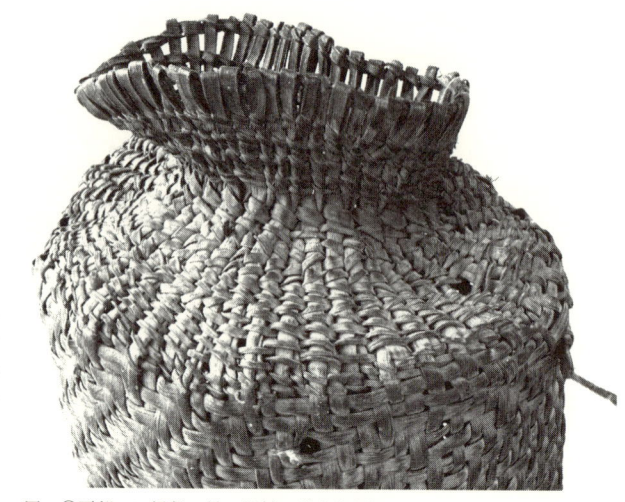

3 器形を閉じて開いた
民具　［びく］（田沢湖
クニマス未来館展示
資料，秋田県仙北市
教委所蔵）　①全体像

同　②肩部〜口縁部に見る経材の減少と増加

り合った経材を重ね合わせ，有効本数をほとんど半減させることだった。さら
に注視したいのは，「くびれ」を過ぎて口縁部に向かう部分である。すなわち
重ね合わせて一緒に組まれていた経材が，今度は元のように分離されて経材の
本数が倍増している。その製法によって首部ですぼまっていたのが大きく開く
ことが可能になったのである。すなわちこの［びく］には2の東名遺跡例に見
られた，経材を減らすことで器形をすぼめる手法と，1の戸平川遺跡例に見ら
れた，経材を増やすことで器形を開く縄紋時代以来の手法が併用されているの
である。経材を加減することによって器形を変える手法が縄紋時代から現代ま
で受け継がれていることを物語る好例である。

（4）経材の本数を奇数にする工夫

　装飾性を気にせず粗く組み上げる場合には特段の留意は不要だが，底から側
面へ，さらには口縁部へと，側面を装飾する規則的な技巧を乱すことなく精緻
に形成しようとする場合には経材の本数を奇数にしなければならない。なぜな
ら偶数のままでは整然とした装飾的な側面形成に乱れが生じるからである。そ
のため，民俗事例では経材の1本を割くか別素材を追加するかして経材の1本
を増やす，あるいは経材の2本を寄せて1本扱いにすることで奇数にする。
　組み籠を製作しようとする場合には経材の本数を奇数にしなければならない

というのは時代の壁を超えた普遍的原理であるから，その留意は，この列島の住人が組み籠を作り始めた当初から絶えることなく受け継がれてきた技術の一種であると思う。ただ自分は発掘された組み籠で経材の数を意図的に奇数にしている例があるか，好い資料を見出していない。保存状態が良く本数の観察が可能な資料があったなら数えてみる価値がある。

2　出土遺物と民具に共通する各種の側面形成技術

　以下に取り上げる各種の編み，組み技術の分類や呼称は現代竹工芸で用いられているものと全く同じではない。それは「編む」「組む」の概念について自分なりの考えに基づいているからで，そのことは前掲拙著（157〜161頁）に述べたとおりである。

（1）組　む　類

①石畳（市松）組み

　図1-6-1は土器底部の圧痕である。同2は青森県むつ市方面で作られ，使われたヒバの内樹皮製の組み籠で，畑で掘ったイモを入れるなどの農作業に使われた。

②四つ目組み

　図1-6-3は縄紋時代後期，東京都下宅部遺跡出土の籠の大破片である。4は岩手県北上山地で見かける民具の［ヒエ通し］だが，［マメ通し］［アワ通し］なども4のように製作される。選別用具として「ふるい」の機能をもった「四つ目組み」の籠が縄紋時代に存在していたことを示唆している可能性がある。

③ござ目組み

　図1-6-5の常代遺跡例は弥生時代の深い籠の側面破片である。縄紋時代以降，「ござ目組み」で製作された籠類は多い。6は民具の［もの入れ］である。図示を省略したが，底を形成し終った材を立ち上げて経材とするとき，その1本を割って経材を奇数にしている。

④飛びござ目組み

　図1-6-7の東名遺跡出土例の側面部下半に「飛びござ目」組みが見られる。この組み方も縄紋時代には珍しくない。8は大分県産の［手籠］で，底面も側

図1-6　出土遺物と民具に共通する各種の「組む」技術

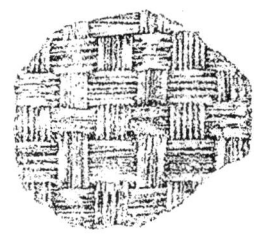

1 縄紋時代中期の市松組み　岩手県上野平遺跡
　（岩手県埋蔵文化財センター編2000）

2 民具の市松組み　ヒバ樹皮製の籠（青森県むつ市教委所蔵）

3 縄紋時代後期の四つ目組み　東京都下宅部遺跡（下宅部遺跡調査団
　編2006）

4 民具の四つ目組み　［ヒエ
　通し］（岩手県一戸町）

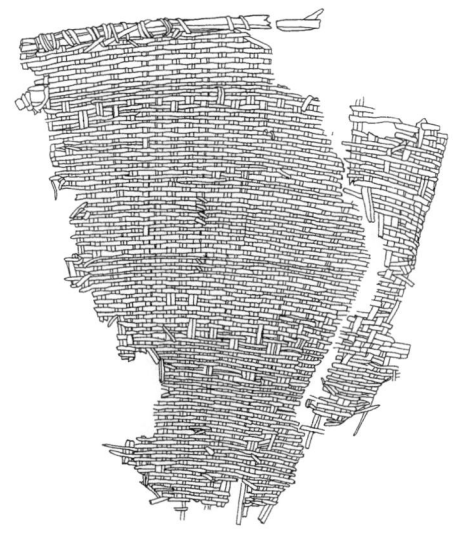

6 民具のござ目組み
　［もの入れ］（青森県）

5 弥生時代のござ目組み　千葉県常代遺跡（君津郡市
　文化財センター編1996）

8 民具の「飛びござ目」組み
　［手籠］（大分県）

7 縄紋時代早期の「飛びござ目組み」　佐賀県東名遺跡（佐賀
　市教委編2009）

面も「飛びござ目」に組んでいる。

　⑤木目ござ目組み

　細やかな「飛びござ目」組みが平面上をジグザグに進むのが特徴である。図1-6-9は土器の底部圧痕である。10を作っている宮城県岩出山町では，このように組む側面を「鷹の羽」と呼ぶ。

10民具の「木目ござ目」組み　［籠］（宮城県岩出山町）

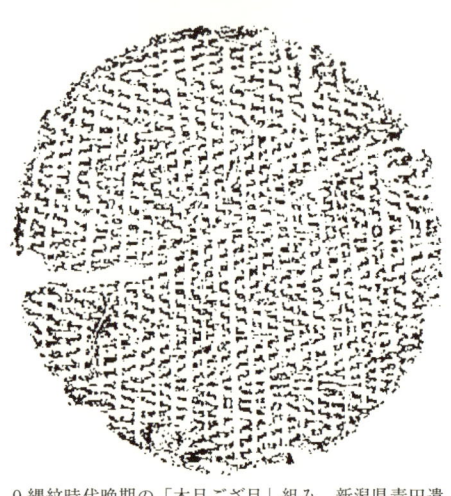

9 縄紋時代晩期の「木目ござ目」組み　新潟県青田遺跡（新潟県埋蔵文化財調査事業団編2004）

　⑥六つ目組み

　水平，右下がり，左下がりの三方向に向かう素材を規則的に組み合わせ，素材間に六角形の目を作る類である。主にタケ材を組んで形成するこの技術は，現在のところ縄紋時代早期の佐賀県東名遺跡例が最古で，同後期の東京都下宅部遺跡，弥生時代の鳥取県青谷上寺地遺跡，古墳時代の宮城県山王遺跡などから大破片が発掘されている。

　図1-6-11は中世の「六つ目」組みの籠。

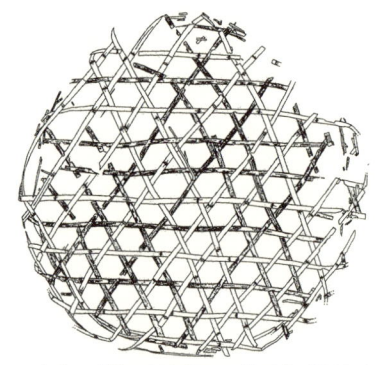

11中世の「六つ目」組み　埼玉県反町遺跡（埼玉県埋蔵文化財調査事業団編2009）

12民具の「六つ目」組み［豆腐籠］（青森県）

　三方向からの素材を組み合わせることは六つ目組みによく似ているが交差の
させ方が異なる。図1-6-14は民具の［繭籠］だが，底面に連続して側面も
「麻の葉崩し」に組んでいる。13は「麻の葉崩し」組みが籠類に用いられてい
る縄紋時代後期の例で，3〜5mm幅のタケ材を，長さが42cm，幅が35cmに
組んだ大破片である。この図の一部に縦横に組んだ部分が見えるから底部と側
面の両方にまたがっている資料である。どちらが底部なのか判断の決め手に欠
けるが，「麻の葉崩し」の方を底面と見ると，底に通気性をもたせた浅い籠だ
ったということになり，前述の「六つ目組み」例と共通していることになる。
逆に縦横に組んだ方を底面と見ると，深さが40cmを超える，側面に通気性を
もたせた籠ということになるが，その形態は口縁部が発見されるまでは不明で
ある。この種の技術で製作された籠の発見例は図示した下宅部遺跡例以外には
稀有で，多くは東日本に分布する縄文時代中期，後期の土器の底部圧痕として
発見される。その時代的推移や分布範囲は研究されていない。

　図1-6-15は前例と印象が異なるが，現代竹工芸ではこれも「麻の葉崩し」

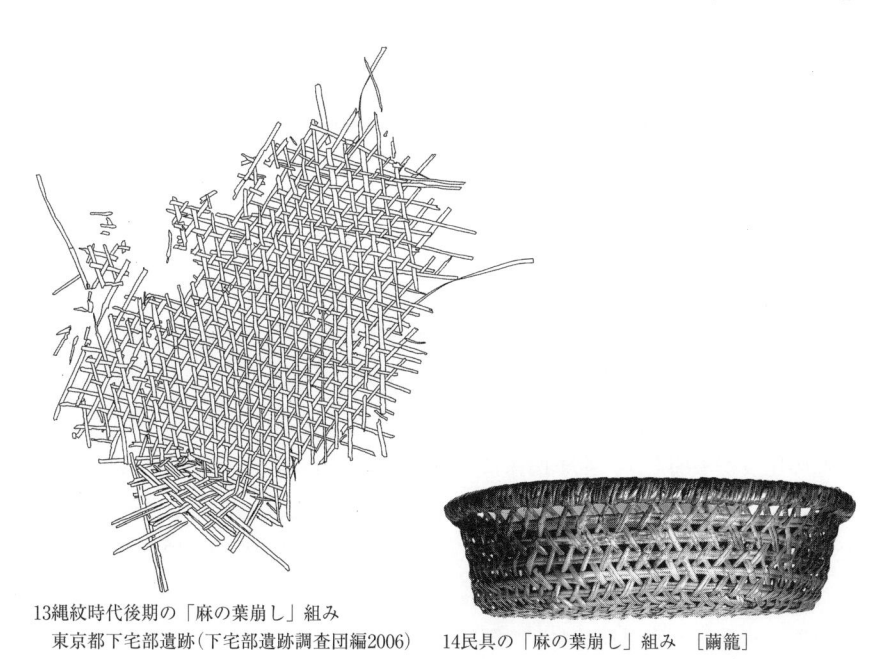

13縄紋時代後期の「麻の葉崩し」組み
　東京都下宅部遺跡（下宅部遺跡調査団編2006）　　14民具の「麻の葉崩し」組み　［繭籠］

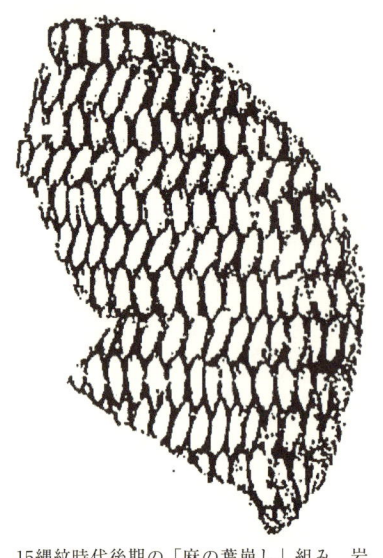

16民具の「麻の葉崩し」組み　[かるい]（宮崎県）

15縄紋時代後期の「麻の葉崩し」組み　岩
　手県長谷堂貝塚（岩手考古学会編2007）

に分類されている。それは横方向に置いた素材と左下がり，右下がりの素材を
組んで形成されることが前述の「麻の葉崩し」と同じだからである。この例の
場合，左下がり，右下がりの素材を極端に引き寄せ，横方向に走っている素材
が隠れてしまっているのである。これまでのところ，この技術は縄紋時代中期
以降の土器の底部に圧痕が見出されるだけである。16は，その方法で製作され
た九州山地で使われる民具の［かるい］である。

　⑧組み替え

　土器の底部圧痕にも民具にも観察できる装飾的技法だが，帯状やひご状に整
えた素材を縦横に組んで平面を形成するとき，途中で組み方を変えることによ
って同一平面上に複数種類の紋様を表出する手法である。

　図1－6－17は土器の底部圧痕であるという制約があり，どのような形態の
製品の圧痕か不明だが，上下関係については仮に図のように見ておきたい。佐
野遺跡例は「ござ目」に組んできた経材をそのまま使いながら組み方を変え，
装飾的な「連続枡網代組み」風・「飛びござ目」風に移行したものである。

　このような組み替え例は図示した長野県例のほか，岩手県，宮城県，茨城県，
群馬県，福井県，鹿児島県などの縄紋時代中期以降弥生時代までの遺跡から，

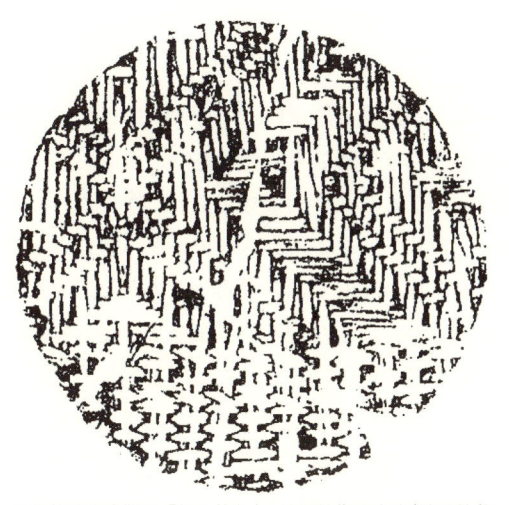

17 縄紋時代晩期の「組み替え」 長野県佐野遺跡（長野県考
古学会編1967）

18 民具の「組み替え」［葛籠］

いずれも土器底部の圧痕の形で発見されているが研究は行われていない。

　図1-6-18は衣服を入れた現代民俗事例の［葛籠］だが，同じ経緯の素材を用いながら蓋の表面に「連続枡網代」,「三本飛び網代」，二本寄せの素材を用いた「二本飛び網代」などを交互に，あるいは向きを変えることで7通りの「網代組み」を展開している。このような組み替えがさまざまな時代に例があることを見ると，民具にも認められる「組み変え」は，時空間を遠く隔てた縄紋時代から受け継がれてきた技術である可能性が高いと言える。

（2）編　む　類

　前掲拙著（168頁）では「縄目編み」に関して桜町遺跡例，坂の下遺跡例のほか福井県鳥浜貝塚，石川県真脇遺跡，大分県竜頭遺跡，北海道忍路土場遺跡，青森県是川中居遺跡，鳥取県青谷上寺地遺跡などの名を挙げ，これらと共通する民俗例の籠類は多いことを述べたが図示はしなかった。この編み方は底から立ち上げた経材を，たいてい2本の編み材で横から挟むようにしながら後になり先になりして経材を掬いながら編み進めるものだが，なかには3本以上の編み材で編み進める例もある。また編む位置を上下に間隔を開ける場合もあるが，逆に間隔を詰めて編む例もある。いずれにしても民具とよく共通している。

　図1-7-1は民具の編み籠と酷似する縄紋時代後期の編み籠である。2はヤマブドウの蔓皮で製作した民具の［こだす］である。

　現代の籠作り技術の大概は縄紋時代のうちにすでに開発されていたことについて，自分は前掲拙著のほかにも根拠を明示しながら述べてきた（名久井 2015〜16）。しかし口縁部に関しては好資料に出会う機会が少なく，わずかに次の例を挙げることができるだけである。

図1-7　出土遺物と民具に共通する「編む」技術

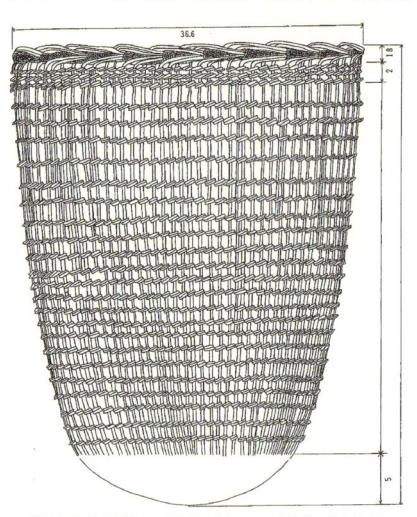

1 縄紋時代後期の「縄目編み」［籠］ 福井県四方谷岩伏遺跡(福井県埋蔵文化財調査センター編2003)

2 民具の「縄目編み」［こだす］(ヤマブドウの蔓皮，岩手県小田民俗資料館所蔵)

3　出土遺物と民具に共通する口縁形成技術

　前掲拙著（179〜182頁）では「巻き縁」の例として縄紋時代中期末〜後期に属する富山県桜町遺跡出土例と民具を対照させ，「返し巻き縁」の例として縄紋時代後期の東京都下宅部遺跡例と民具を対照させた。その折「経材折り込み縁（仮称）」とでも称すべき口縁があることに触れたが図示を見送った。それ

図1-8　口縁を形成する技術

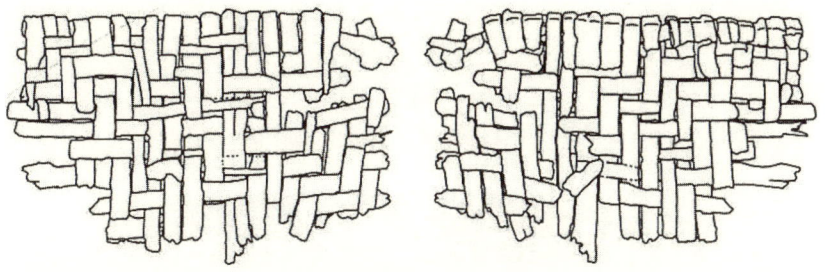

1 縄紋時代前期の「経材折り込み縁(仮称)」　青森県三内丸山遺跡出土例(青森県教育庁文化財保護課編2017)

2 民具の「経材折り込み縁(仮称)」［もの入れ］（シナノキ樹皮，岩手県立博物館所蔵，岩手県立博物館編1991)

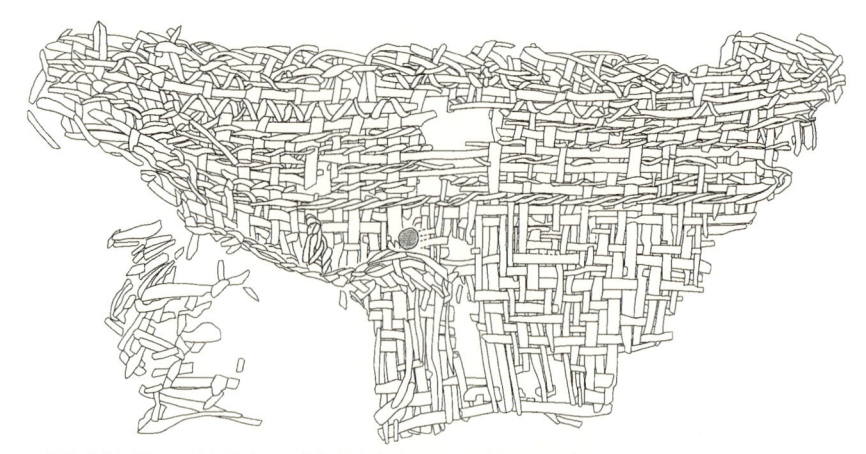

3 縄紋時代早期の口縁部始末例　佐賀県東名遺跡出土例（佐賀市教委編2009）

4 民具の「えび止め」

は口縁部まで組み終えた経材を器体の表裏の直近の緯材の下に挿入する手法である（図1-8-1・2）。口縁をこのような形で始末する民具はヤマブドウの蔓皮を含めて，やや幅広い素材を使って組む背負い籠類に見受けられる。

　口縁部まで組み終えた経材を，口縁上で横方法に曲げて始末する方法もあった。同図3の東名遺跡例の口縁が4の民具の「えび止め」と全く同じであるかなお検討を要するが，非常に近縁であると見ておきたい。

　出土籠類の口縁部を模式図の形で描写している報告書が散見されるが，たいてい，側面から見た様子が描写されている。願わくは真上から見下した写真と図を併用して示していただけると民具と対比しやすい。とくに民具の籠類の口

縁部には珍しくない「矢筈掛け」の技法らしい構成を側面から見た模式図で表現した報告書を見ることがあるが，真上から見た写真を伴っていると，遺物と民具の共通点として挙げることができるかも知れない。

　以上のように籠の側面を形成する「編む」「組む」技術，口縁を形成する技術の各種について，発掘例と，それぞれに対応する民具を示したのは，両者が文化的に連続しているからである。

ま　と　め

・現代の籠作り技術に見られる，底から作り始めて口縁部に終わる立体形成手順，経材を増減して器形を変える方法，底面や側面を形成する各種の技術，口縁部を始末する複数種類の方法は縄紋時代から伝承されてきたものである。

第2章　こも編み・隔て編み

はじめに

　古代人が「畳薦」を編んだ「隔て編み」とはどのような技法であったか，今では忘れられているが，それは民俗事例から判明する。［薦編み台］で［こも（薦）］を編む際に必ず使う編み縄を巻く木製の「重り」は弥生時代以降の各地の遺跡から発掘されているが，その重りを宙吊りにする必須の操作法は少なくとも弥生時代から現代まで途切れることなく伝承されている。

第1節　古代の畳薦

1　畳　　薦

『万葉集』巻十一に，
　　畳薦　隔て編む数通いせば　道の柴草生ひざらましを（二七七七）
という歌がある。「あんたが，（畳薦を編むときの手数みたいに）何度も何度も通って来てくれたなら，通路の雑草だって，こんなに生えないのに……」といったところだろうか。同じく巻十二には，
　　逢ふよしの　出で来るまでは　畳薦　隔て編む数　夢にし見えむ（二九九五）
という歌もある。「直に逢えるまでは，あたし，（畳み薦を編むときの手数みたいに）何度だって，あんたの夢に出るんだから」と詠むのは，古代の女性のひたむきな心である。

　万葉歌人たちは，隔て編みの手法で作る「畳薦」を，たいそう手数がかかる物と認識していたことがわかるわけだが，文学全集等でこれらの歌の解説を読むと，解説者は「隔て編む」の「隔て」という表現の現代語訳に困っているように見受けられる。万葉歌人が詠んだ［畳薦］とはいったいどのような物で，「隔て編む」というのは，どんな編み方だったのだろうか。まず手掛かりを古代の史料に求めてみる。

2　「薦」の使途

　律令国家の法的根幹である律令格式が失われている今，施行細則の一つである『延喜式』は律令政治の一端をうかがい知ることができる貴重な手掛かりとなっている。『延喜式』が施行されたのは『万葉集』がまとめられてから200年以上も後のことだが，そこに「畳薦」を知る手掛かりが見出される。まず古代の「薦」の使途から見てみよう。

　『延喜式』には何種類もの「薦」が出てくる。「薦」「食薦」「葉薦」「折薦」「調薦」などの多数派に対して「菅薦」「蒲薦」「韓薦」などは少数派である。これらの呼称は一定の基準に基づいて名付けられたものではないらしい。例えば「葉薦」はマコモの葉を使ったもの，「菅薦」はスゲを使ったもの，「蒲薦」はガマの茎を使ったもの，といったように製作材料に重きをおいた名称がある。それに対して「調薦」は，たぶん古代の税制に基づいて現物で納める薦に規定されていた様式に基づいたもので，「折薦」は製作技術上の特徴を表した呼称ではないかと想像する。

　これらの「薦」は敷物のほか，梱包用材，畳などにも用いられた。

〈敷　　　物〉

　「食薦」は神を祀る儀式に用いる物品の中に登場する。例えば神祇官式一「四時祭」上の御門祭の条には「席。薦各四枚。食薦十六枚」とあり，御川祭の条には「食薦五枚。席。薦各二枚」とも見えるから「食薦」は単なる「薦」とは別扱いされる物で，祭祀の場に供物を供えるときに用いられる格式の高い敷物だったと見られる（黒板勝美ほか編 1989）。それに対して「薦」「葉薦」は，同じ敷物でも一般的な用向きに用いられたらしい。例えば掃部寮式の冒頭には2月4日に神祇官西院の北舎と南舎の間で執り行われる祈年祭のときの座席が定められており，その際，祝詞を読み上げる者が座る所に敷かれたのは「葉薦」だった（黒板勝美編 1992b）。また「造酒司式」の践祚大嘗祭供神料の条には神に捧げる品々が挙げられているが，その末尾に記された「折薦五枚」の用途が「料理供神物人等座料」と説明されているから「折薦」も人が座るためのものだった（黒板勝美編 1992b）。このように薦は敷物としても使われたのである。

〈梱包用材〉

　「薦」「葉薦」は梱包材としても用いられた。例えば神祇官式三「臨時祭」の遣唐舶水霊の条には「裹薦二枚」，同唐客入京の条には「裹料薦四枚」と見える（黒板勝美ほか編 1989）。「裹」は包むという意味だから，この場合の「薦」は梱包用材であった。

　「葉薦」も，縫殿寮式の「御贖服」の条に「裹雑物葉薦二枚」と見えるし，内蔵寮式の諸陵幣の条には「但多武峯料者。裹以葉薦半枚著木」とあるから，やはり梱包材として使われたことがわかる（黒板勝美編 1992a）。たぶん「薦」と「葉薦」は梱包すべき物の敬重の差によって使い分けられていたのであろう。

　このように敷物や梱包用材として用いられたという使途から察すると「薦」が植物素材で作られた平面的な製品であったことは間違いない。だから次のように畳の製作にも使われたのである。

〈畳〉

　『延喜式』を見ると，畳は「狭帖」とか「長帖」という形で出てくる。後述するように「狭帖」とか「長帖」と表される「帖」は，われわれがよく知っている和室に敷く畳の祖型と考えられる。

　掃部寮式の年料鋪設の条に雑給料の一つとして記された「狭帖」については，寸法や構造，使うべき材料などが次のように決められていた。

> 　狭帖一枚　長八尺。広三尺六寸。料。調席一枚。調折薦三枚。端料綵布五条。一条長九尺。四条各長八尺五寸。広並三寸。色糸一分。緋革一条。方五寸。裏料庸布二条。各長八尺。一条広一尺四寸。一条広一尺二寸。熟麻八両。細縄十三丈。長功一人半。中功二人。短功二人半（黒板勝美編 1992b）。

　ずいぶん細々と書いてある規定だが，仕様書のようなものとして見ればわかりやすい。まず「狭帖」の寸法が指定され，次いでさまざまな材料が書き出されている。「狭帖」が 1 枚の「調席」と 3 枚の「調折薦」から構成されていることがわかるので，万葉歌人が詠んだ「畳薦」とは「狭帖」や「長帖」の土台となったものと知られる。この「狭帖」には縁取りに美しい布地を取り付けるので，その枚数と寸法，それを縫うための糸の量（重さ）が指示され，付けられる革は緋色に染められた 5 寸四方のなめし皮でなければならなかった。次い

で狭帖の裏に使う布地の枚数と寸法を指定している。

　自分が注目するのは，その次に指定された「熟麻八両」と「細縄十三丈」である。このうち「熟麻八両」の正体を理解するには，同じ雑給料の項に載っている別の「狭帖」と対比してみるのがよいと思われる。後者の狭帖の製作についても前者と同様に細かく規定されているが，それをそのまま引用することは避け，対比した要点を挙げると次のようになる。

・前者と後者の「狭帖」の長さ，幅は同じである。
・前者には裏地が付けられるが，後者には付けられない。
・前者には「色糸一分」が使われるが，後者では使われない。
・前者に使われる「薦」が3枚であるのに対して後者は2枚である。
・両者とも1枚の「席」が使われる。
・両者とも「熟麻八両」が使われる。
・両者とも「細縄」が使われるが，その長さに差があって，前者の「十三丈」に対して後者は「十丈」である。

　このように前者と後者に用材の差異が明白なのは，同じ「狭帖」にもランクの上下があったことを物語っている。すなわち同じ「狭帖」でも，裏地を付ける，付けないの別があったし，裏地を付けるにしても使われる布や糸には最高級品からごく簡素なものまでランクがさまざまだった。そのように，材料の種類や量の多い方が手の込んだ製作であったことは容易に見当が付く。

　『延喜式』から知られる「狭帖」には「薦」を1枚しか使わない物から4枚以上を重ねる物まで，その枚数はさまざまだった。なかには6枚の「薦」を重ねる物があり，その例の場合，厚さが5寸と指定されている（黒板勝美編1992b）。

　そのような諸例から明言できるのは，「薦」が畳を製作するために何枚も重ねて使われる場合があったことである。「薦」を何枚も重ねた「狭帖」でも，そこで使われる「席」が必ず1枚だったのは，「席」が，われわれがよく知っている［畳表］のように表面に張られたものであったからであろう。この「狭帖」の構造をそのままにして長く作るのが「長帖」だが，そんな「長帖」でも，あるいは厚さを異にする「狭帖」でも，必ず使われるのが「細縄」であった。それに対して「熟麻」は必ず使われたわけではなく，代わりに「麻」や「苧」

が使われる場合もあった。

　いま，万葉歌人が詠んだ「畳薦」の「隔て編み」に接近を図るうえで鍵になるのは，「狭帖」にも「長帖」にも使われた「熟麻」の類と「細縄」の2品と思われる。それらの使途を確認しておこう。

3　「薦」の製作材料——「熟麻」と「細縄」

（1）「熟麻」は織席の経糸

　前項までに述べたように「席」も「薦」も平面的製品だった。掃部寮式には，その「席」が「織席」として，「薦」が「編薦」として何か所にも出てくるから，「席」は織って作られ，「薦」は編んで作られたものであった。「熟麻」の使途を推察するうえで見るべきは掃部寮式の年料鋪設の条に見える次の「織席」の記載である。

　　　織席一枚長九尺。広五尺。択藺一囲。苧十五両。長功十人。五人織手。五
　　　人刻藺手。中功十二人。短功十四人。

　この記載からわかるのは，縦が9尺，横が5尺の織席を製作する材料は精選された一囲のイグサであり，担当者が切りそろえた材料を使って製品化するのは「織手」である。「織手」が織って作るのが「席」というのだから「席」が織物であることはここでも確かめられる。本をただせば1本の植物に過ぎないイグサの多数を用いて1枚の平面的製品に織り上げる作業に必要な役割を果たすことができる素材は，右に引用した「織席」の材料の中には「苧」しかない。織物を製するために経糸が不可欠であることは民俗事例から明らかだから「苧十五両」は織り機にかける経糸の材料であったことは明白である。

　そのような角度から同じ項に記された他の「織席」を見ると「麻」も使われている。それらから類推すると，前項で見た「狭帖」に使われた「熟麻八両」は畳表として表面に張られた「調席」を織るための経糸として使われるものであったと推定してよい。またその項で見たランクが下の「狭帖」を製作する時に使われるのも「熟麻八両」であったが，「熟麻」の量が同じであるのは「調席」の面積が上ランクのものと同じだったからで，これらを織り上げる経糸の本数が同数であったことをうかがわせている。

（2）「細縄」は編み薦の編み材

　「狭帖」を製作する「熟麻」は「席」を織るための経糸と理解することができたから，もう一方の「細縄」は「編薦」の製作材料であると推定される。すでに触れたように「薦」は敷物や梱包用材のほか，畳表を張って仕上げられる「狭帖」の主体部の形成に用いられた平面的な製品であった。

　本をただせば１本に過ぎないスゲ，マコモ，ガマなどを１枚の平面的製品に変える「編む」という作業は具体的にどのようもので，どんな道具を使ったのであろうか。しかし「畳薦」と近接した存在と察せられる「編薦」の製作方法や用具については，掃部寮式にも木工寮式にも手掛かりを見出すことができない。文献史学の限界である。ところが民具の「薦編み」技術の周辺には，「細縄」を用いて「薦」を編んだ古代の技術や動作，用具などを推察できる手掛かりが見出される。

　「薦」は現在でもお盆を迎える季節になると，墓前に供物を供える際の敷物として店頭に出る。それはマコモの茎を糸で編んで作ったものだから，その形成技術は本章で見てきた「細縄」で編む「薦」に通じるところがある。しかし素材も大きさも異なっているので，『延喜式』の記載のように「細縄」を用いて「編む」という作業の実態を理解するためには，もっと好い手掛かりが必要である。そこで注目したいのは民具の薦編み台である。

第２節　　民具の薦編み台

　東北地方の脊梁，奥羽山脈の中にあって豪雪地帯として知られる岩手県和賀郡西和賀町細内に残された［薦編み台］は，後述する［炭すご］を編む台よりも大きい（図２-１）。これを作ったのは現所有者小田島康広さんの祖父の市蔵さん（明治９年生まれ）である。座って作業するような高さに作られており，取り付けた板の木端に目印が刻まれている。台板（薦桁）の長さが１m12cmあり，ほぼ３尺７寸に相当する。もう１つ気付くのは台板上に配された刻みの数が何かの目盛りのように多いことである。所有者によれば，この台は米俵を編むために使われたもので，それがわかる手掛かりは台板の側面に残されている墨書であるという。そこには，

図2-1　薦編み台（小田島康広氏所蔵，村山瑞穂作図）

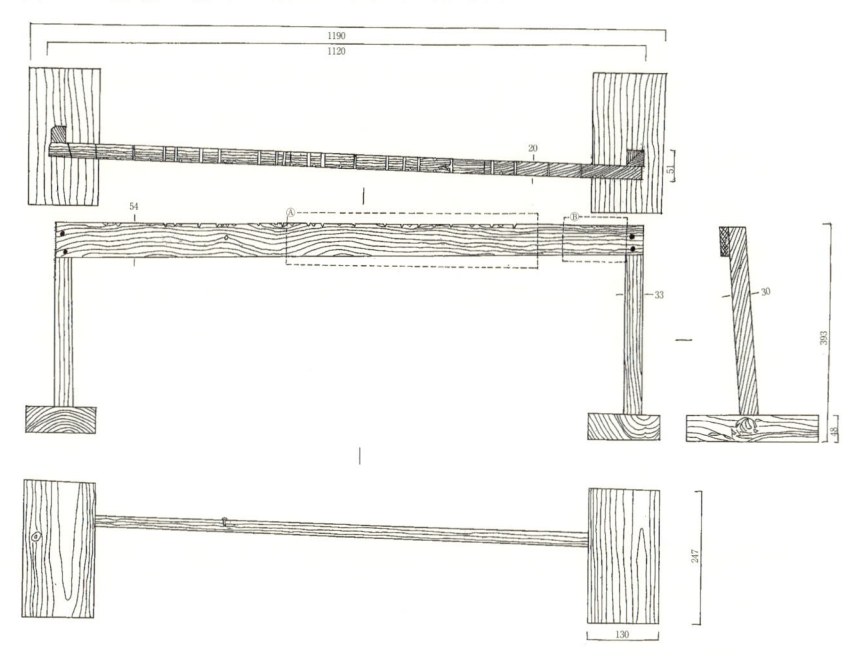

籾　七斗五桝　目七寸　縄十一ヒロ　四斗入　六
寸中七五　縄九ヒロ

図2-2　薦編みの「重り」
（オノオレカンバ，内間木
安蔵氏所蔵）

と墨書されているが，その意味は7斗5升の籾米を入
れる俵を編む場合は7寸間隔の刻み目を用い，編むた
めに支度すべき細縄は11尋という心覚えであろうとい
う。同様に4斗の玄米を入れる俵を編む場合は6寸7
分5厘の目盛りを用い，細縄は9尋を準備するという
意味であろうという。これらの米俵を編んだ材料は稲わらであり，細縄も脱穀
の終わった稲から取り出された繊細な芯の良材となる部分を使ってなったもの
で，それをこの地方では「こでな」と呼んだ。

　このように，この［薦編み台］は細縄で米俵の側面として使う平面的製品を
形成するために用いられたわけだが，注目したいのは，この台で製作された平
面的製品が或る種の敷物にも使われたことである。

　所有者宅に［へんなし］と呼ぶ敷物が残っている。その寸法は普通に使われ

ている畳に近く，長さが約1間，幅が約3尺で，［薦］の上に［むしろ］を重ねて綴じたものであった。このような敷物は，昔は北国で普通に使われたらしい。昭和40年代に住宅様式が急速に変化し，新建材やアルミサッシを使った住宅が増えた陰で姿を消していった伝統的な茅葺の家には板の間が多かった。北日本で，そのような伝統的家屋で暮らした人々は，秋風が立ち，板の間を歩く足が冷えるようになると，仕舞い込んでいた敷物を出してきて台所の炉を囲むように敷いた。

その敷物の［薦］の部分は脱穀した後のアワの茎やカヤを材料とし，［薦編み台］を使って細縄で編んで作ったものだった。その上に重ねたのは目を詰めて厚目に織った「わら（藁）」製の［むしろ］で，それは［むしろはたし］（席機）で織ったものである。両者の綴じ合わせに使ったのは未熟なアサから取った「かーちょ糸」である（名久井文明・名久井芳枝 2001）。［薦］の部分にアワの茎やカヤを使ったのは貴重な「わら」を惜しんだからであると，開田が遅れた山間に暮らした古老はいう。岩手県で［へんなし］とか［まくり畳］と呼んだ，寒冷期の炉端になくてはならないその敷物の中身を作ったのは［薦編み台］だったということを記憶したい。

今述べたような民具の敷物が，編んだ［薦］の上に，織った［むしろ］を重ねて綴じていることは『延喜式』の掃部寮式に出てくる「狭帖」を彷彿とさせる。したがってその構造上の共通性から，民具の［へんなし］とか［まくり畳］と呼ばれた敷物は，古代の「狭帖」の直系子孫と見るのが妥当と思われる。すなわち古代の「狭帖」の製作法と利用の仕方は中世，近世を経て近現代まで受け継がれたと理解されるのである。その技術を基に発達したのが一般家庭で今も普通に見ることができる厚手の畳であると思われる。

第3節　隔て編み

1　炭俵を編んだ民具の［すご編み台］

前項で取り上げた［薦編み台］（図2-1）で実際に［薦］を編む状況を実見することは叶わなかったので，その使い方については同様の編み方をする［すご編み台］をもとに説明したい。

図2-3 すご編み台と［すご］の編み方

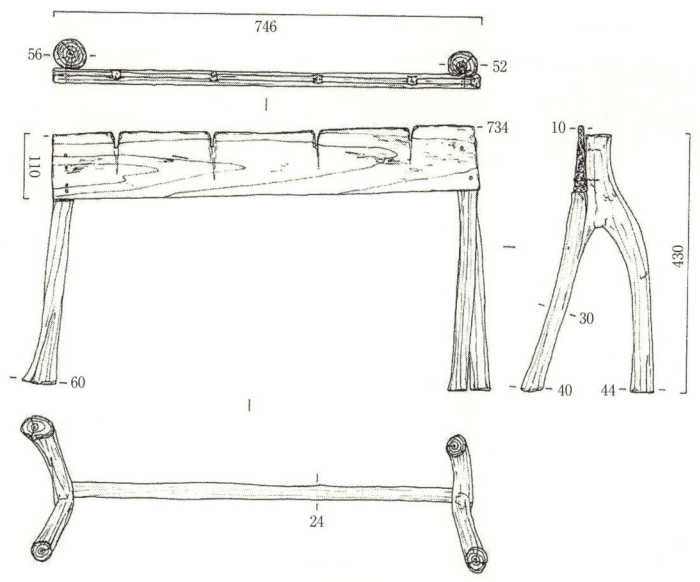

1 ［すご編み台］野沢裕美作図（川井村教委編2003）

わが国でエネルギー革命が起こる前，岩手県では木炭の生産がきわめて盛んだった。生産者が木炭を入れて輸送，売買するために使われたのがカヤ製の［炭俵］で，これを東北地方では［炭すご］と呼んだ。［炭すご］は座った状態で使う専用の［すご編み台］（図2-3-1）の上にカヤを置き，それをわらの細縄で編んで作る（図2-3-2）。

2 ［すご編み台］で［すご］を編む（名久井文明・名久井芳枝2008）

民具の［すご編み台］は木端側に材料を載せる板（けた）と，その両端を支える脚から構成される。［すご編み台］で重要な役割を担うこの板を［こも桁］と呼ぶ地方もあるようだが，広く分布している呼称はなさそうなので，こ

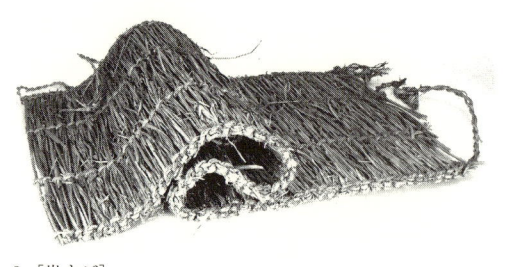

3 ［炭すご］

こでは仮に台板と呼んでおく。脚は台板を支えさえすればいいので造りはまちまちだが，民具でしばしば見かけるのは木の股の部分を縦割りにしたものを左右の脚とする例である。肝心なのは台板の方で，縁の上の４か所に鋸でＶ字状の切り込みを，ほぼ等間隔に入れる。

　民具の［すご編み台］を用いて［炭すご］（炭俵）を作るには，まず細縄を準備する。その細縄を岩手県の北上山地では［すご縄］といった。中学生ぐらいになると「こりゃ　小遣いけるがら　すご縄なれ」などと言われて，「わら」で細めになったものだという。この［すご縄］を台の手前側から向こう側へと掛け渡す。その両端には重りを付けず，左手の親指と小指を頼りに算用数字の「８」の字状に巻いてまとめただけである。北上山地ではその状態にした細縄を「てがら」と呼んだ。その［すご縄］を台板上に刻んだそれぞれの切り込みの手前側から向こう側に掛け渡したら，台板の上端手前にカヤの２〜３本を置き，それを巻き締めるように手前側の細縄を台板の向こう側へと移して，Ｖ字状の切り込みに押し込む。この切り込みは細縄をきっちりと受け入れる幅に作られているから，［すご縄］に重りが付いていなくても緩まない。次いで向こう側の細縄を手前側へと移すが，その際，双方の細縄が台板上端手前に置いたカヤの上で必ず交差するように操作する。その交差のさせ方を初めから最後まで変えないのがこつ。その規則性を保ちながら左端から右端まで編んだら，右端に余っているカヤを左端に向けて折り曲げ，今度は右端から左端へと編み進める。この復路でも手前側の細縄を台の向こう側へと移しては切り込みの中に押し込む。こうして往復するときに「隔て編み」に関わる編み方が行われるのであるが，それは後述する。このようにして台上で［すご縄］を往復させていると材料のカヤの長さが途中で足りなくなるから新たなカヤを添え足して素材の延長を図る。このようにして編み進めるにつれて，平面と化した編まれたカヤが［すご編み台］の下から向こう側へと延びて行く（図２-３-２）。その編み終えた部分にはカヤの列を横切るように４列の細縄が走っている。そうして

出来た1枚の製品の端どうしをつなげると［炭俵］の側面になる。

　上に述べたのは［炭すご］の製作方法ではあるが，自分がこれに注目するのは，掃部寮式の記載から察せられた「細縄」で「編薦」を編む作業と，その根幹が同様であると思われるからである。実際，万葉歌人たちが詠んだ「隔て編み」のヒントは，この［炭すご］を含む「こも編み」の中にある。

2　民具に見る「隔て編み」

　万葉歌人が詠んだ「薦畳」を製作する際に駆使された「隔て編み」の実態を知ることができるのが，非常に丁寧に作図された［炭すご］の実測図（図2-4）である。図から明らかなように，本をただせば1本に過ぎないカヤを平面的製品に変えるうえでなくてはならない役割を果たしているのは細い編み縄である。これが編み縄として機能している4列の細縄のうち，自分が「隔て編み」に関連するものとして注目するのは同図の2列目と3列目の編み方であ

図2-4　民具の［炭すご］に見る「隔て編み」

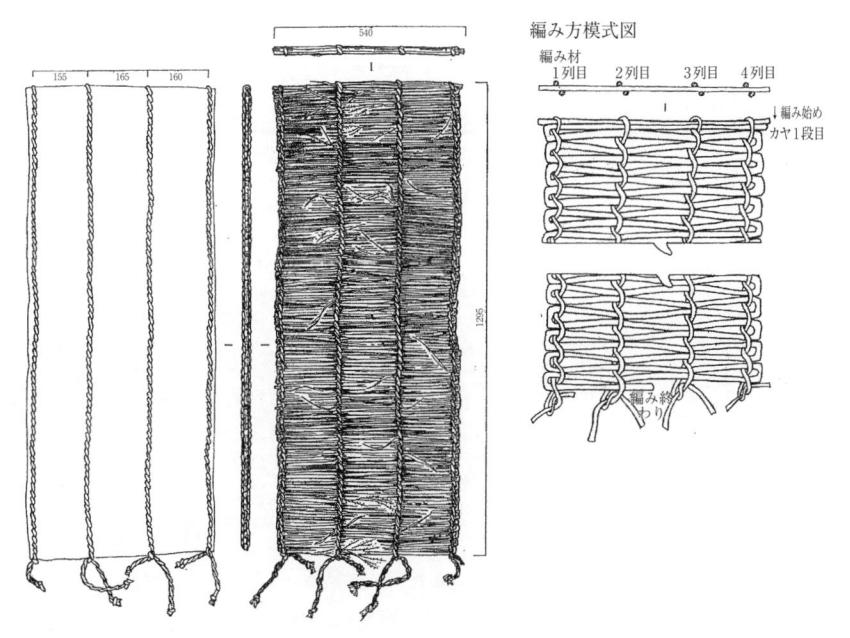

［炭すご］実測図（岩手県宮古市北上山地民俗資料館所蔵，高橋稀環子作図）

る。図2-4に添えられている模式図に描かれた，その2列を注視すると2列目で一緒に編まれた2本のカヤは3列目では1本ずつに分けられ，それぞれが別なカヤと合わされて編まれている。それが4列目では再会して一緒に編まれている。このように，編まれる素材が離別と再会を交互に繰り返すのは往路でも復路でも変わらない。それは2列目と3列目を編む際に或る操作を行っているからである。すなわちカヤを左から右へ，右から左へと編み進める際，材料

図2-5　民具の［まくり畳］に見る「隔て編み」

①［まくり畳］　長さ160cm　幅83cm（高屋喜多男氏製作，宮古市北上山地民俗資料館所蔵）

②［まくり畳］に見る「隔て編み」

のカヤを折り曲げた直後の両端は必ず編むが，その間の2列目と3列目は切り込みを「一つはね」（1つおき）に，すなわち「隔て」て編んでいるのである（宮古市北上山地民俗資料館編 2017）。この「一つはね」に編んでいる様子は，[炭すご]のほか，図2-5の［まくり畳］を構成する［薦］にも見出すことができる。

　図2-5の［まくり畳］とは岩手県北上山地の旧川井村小国地区で使われた呼称で，「巻いて収納できる畳」の意味であろうと思う。表側は［むしろはたし］を使ってスゲを織ったもので，『延喜式』の「織席」に相当する。これに対して裏側は［薦編み台］を使ってカヤをわらの細縄で編んだもので，『延喜式』の「編薦」に相当する。このように製作の用具も方法も異なっている2枚を重ねて周囲を綴じ合わせたのが［まくり畳］で，寒冷期に炉の周りなどに敷いたことは述べた。カヤは山地に自生しているものを使うがスゲは田を作って栽培したと伝えられている。注目したいのはカヤを編む際に，終始，「一つはね」に，隔てて編まれていることである。すなわち図2-4の模式図で見たのと同様の編み方が，ここでも行われている。この章の冒頭で触れた，万葉歌人が詠んだ「隔て編み」の技法で作られた古代の「畳薦」は，民具の［まくり畳］の裏側のように細縄でわらを一目飛ばしに編む「隔て編み」の方法で編んだものであったというのが，自分の得た結論である。

　「隔て編み」を甚だ手数が掛かるものと認識していた古代人は，たぶん「織席」と「編薦」を対比していたのではなかろうか。つまり畳表として表面に張られる「席」は織物だから1回の動作で端から端までを織ることができるが，それと比較すると［薦編み台］上で一目ごとに「重り」を前後に動かして編んで作る「編薦」に要する手数は「席」の比ではないと認識されていたのであろう。しかも「狭帖」には数枚の「薦」を重ねて厚く作られる場合があったわけだから，「畳薦」といえば，その製作にはきわめて手数を要するものであるというのが万葉時代の人々の共通認識だったのであろう。

　「隔て編み」は衣料とする編み布，いわゆる越後の「あんぎん」にも認められる。またアイヌ民族が作ったカヤを編んだ敷物にも珍しくないし，本州から九州の民具にも広く認められるから，古代もしくはそれ以前から平面を手早く効率的に編む技術として広く分布し，現代まで伝承されてきた平面形成技術だ

ったと思われる。

以上で万葉歌人が詠んだ「畳薦」の「隔て編み」の正体が判明したわけだが，次項では「薦」を編んだ古代の用具について触れなければならない。

第4節　万葉時代の薦編み用具推察

1　薦編み用の台板

古墳時代以降の諸遺跡から発掘される板で，木表と木裏の境目におおよそ等間隔の刻みが付けられた細長い板が発掘されることがある。それはしばしば，民具の［薦］編み用の重りと酷似している木製品と同じ時代の地層から出土することもあって「薦編み」に用いられた板と目され，報告書には「目盛り板」の名で報告される（図2-6）。何らかの脚に取り付けられて用いられたと推測されるが，脚かと疑われる木製品は発掘されているものの，取り付けた状態で発掘された例はないようである。

図2-6の前田遺跡例の両端は幅をやや狭めたうえに薄く削られているので脚の上方に開けた孔に挿入したものであったろう。この例が板の両側縁に刻みを入れているのは製作を予定する製品によって編む間隔が異なる場合，その広狭によって使用する側縁を選べるようにしたものと推測される。

この章ですでに述べたように『延喜式』に書かれた「狭帖」の幅は3尺6寸だった。平安時代の1尺は現在の1尺よりもやや短いから，図2-6の前田遺跡例では当時の「狭帖」に使われた「薦」は十分に編むことができたことになる。万葉歌人が詠んだ「畳薦」の寸法がわかる史料はないと思うので，平安時代の「狭帖」と大差ないものだったと推測し，万葉歌人たちが歌を詠んだ時代にも，「薦」は図2-6のような刻みを設けた板を台にして編まれたものと想像しておきたい。

2　薦編み用の「重り」

民具には，［薦編み台］と同様の仕掛けで編まれた各種の製品がある。例えば［筆巻き］，［巻き簀］，［蒸し器］の蒸気を取り込む孔に敷く簀といった比較的小型の製品から，［簀だれ］，夏の日差しを遮る［葦簀］とか川漁に使う

［簣］といった大型の製品まである。前項で取り上げた［炭すご］のように「重り」を使わないで編む例もあるが、多くの場合はそれらの素材を編むための糸や縄を巻く「重り」を使っている。その「重り」は多くの場合、木で作られており、［薦槌］［こもずす］［つちのこ］などと、所によってさまざまな呼称があった。その形態にも何種類かあって、砂時計のように中ほどがくびれた形（図2-2）、ミカン割りにした材の側縁の薄い方に貫通孔を設けたものなどがある。

それとよく似た木製品が遺跡から発掘されるが、その形には民具と同様に砂時計のように中ほどがくびれた形、その亜種で鉄アレイのように中央部が平行に細く削られたもの、丸棒の中央部に切り込みを一周させたもの、丸棒ないし割り材の側縁の薄い方に貫通孔を設けたものなどの種類があった（図2-7）。

上のような木製の重りは少なくとも弥生時代以降の諸遺跡から発掘されているから、［薦編み台］を用いて編むことが弥生時代まで遡ることは確実である。しかし、それは木製の重りが発見されない縄紋時代には［薦編み台］のようなものは存在しなかったという意味ではない。民具には何の細工も施さない小さな自然礫に編み糸を巻いて「重り」にしている例があるから、木製の重りが発見されないからといって薦編みの技術がなかったことにはならないのである。そんな訳で薦編み技術の起源は今のところはっきりしないが、縄紋土器の底部に残された敷物圧痕を観察すると「薦編み」の技術はたぶん縄紋時代まで遡る。ここで問題にしたいのは、その薦編み台で「重り」を使う場合に、どうしても必要な或る操作法のことである。

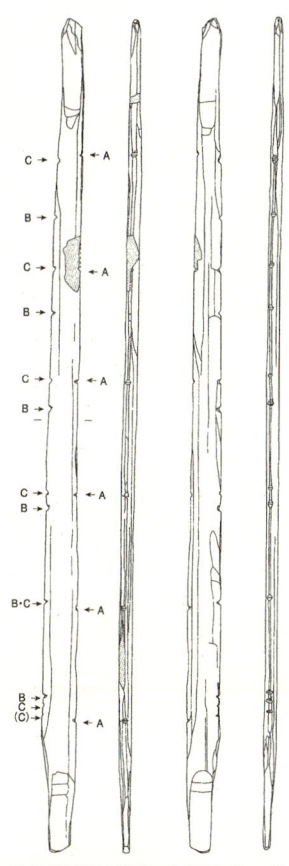

図2-6　発掘された、薦編み用の台板

島根県前田遺跡　古墳時代　長140.0cm　スギ（八雲村教委編2001）

図2-7　発掘された薦編みの「重り」

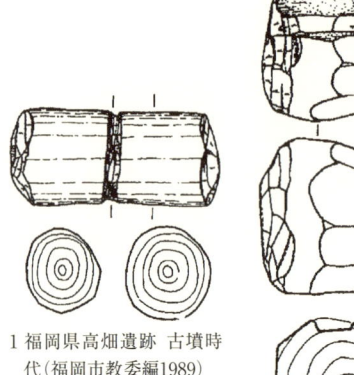
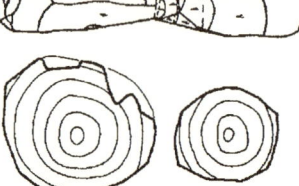

1 福岡県高畑遺跡　古墳時
　代(福岡市教委編1989)

3 岡山県上東遺跡　古墳時
　代(岡山県古代吉備文化
　財センター編2001)

2 福岡県高畑遺跡　古墳時代(福岡市教委
　編1989)

3　編み糸や縄を巻き溜めた「重り」を宙吊りにする操作法

　民俗事例を参照すると，民具の「重り」でも発掘された「重り」でも，その使途はただ１つで，薦編み用の台板上で素材を編み込むための編み糸や縄を巻き溜めながら，編んだときの編み目を引き締めることであった。大事なのはその長さで，引き締めるはずの「重り」が，もしも床面に着くほど長かったら重さが有効に働かず，引き締めることができない。だから編み糸や縄を巻き溜めた「重り」は必ず床よりも高い所に宙吊りになっていなければならなかった。

　そのように「重り」が宙吊りになっているとき，編むために使われる編み糸や縄は「薦編み台」の上端から「重り」までの間の部分である。その部分の縄を使いながら「重り」を前後させて編み進めるにつれて，使える編み縄が次第に短くなり，ついには編み難くなるから，そのときは巻き溜めている編み縄を解いて長さを回復しなければならない。大事なのはこの部分で，編み縄を解いて必要な長さを回復したとき，「重り」は再び宙吊り状態になっていなければならなかった。そのような「重り」の操作方法は，発掘された「重り」に必ず

図2-8　編み縄を巻き溜めた［重り］の操作法

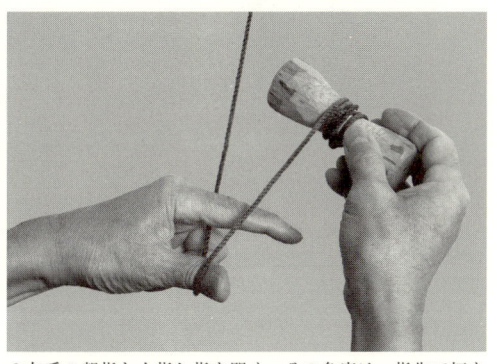

1 解いた細縄が「重り」の向こう側に
　なるように，横に向けた「重り」の
　右端を右手で持つ。

2 左手の親指と人指し指を開く。その角度は，指先で杯を
　持っているかのように。

伴ったものに違いないが，報
告書は「重り」の実測図や計
測値を載せるだけである。せ
めて「縄を繰り出す所要の操
作を行い，また宙吊りにし
た」ぐらいの記述が必要では
なかろうか。図2-8に述べ
るのは右利き用の操作要領だ
が，左利き用にも応用できる
であろう。

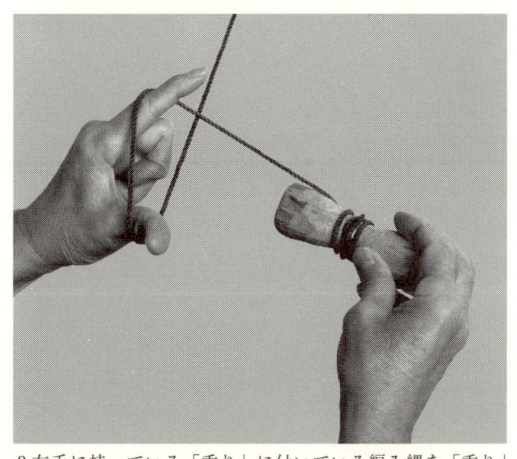

3 右手に持っている「重り」に付いている編み縄を「重り」
　ごと左手の親指の下に持ってくる。

　万葉歌人が詠んだ［畳薦］
を作った奈良時代の工人たち
も，編み縄を巻き溜めた「重り」を上のように操作して編んだに違いないので
ある。

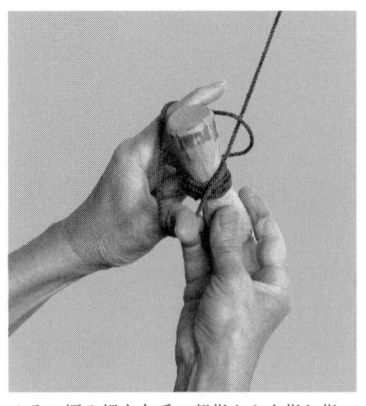

4 その編み縄を左手の親指から人指し指へと回すように「重り」を下から上に，そのまま下へと動かす。そうすると親指と人指し指に回した細縄の輪ができている。

5 その輪の中に，右手に持っている「重り」の，触っていない方の端を，左手の小指側から「重り」の中頃まで入れてから，緩んでいる編み縄を締める。すると再びぶら下がるから編む作業を再開することができる。なお，5で輪を作るには別な方法もあるが，それは省略。

ま　と　め

・畳の祖型である「狭帖」の表面に張られた「織席」の中身は「編薦」であった。

・「薦」は「薦編み台」の上で，編み縄を巻き溜めた「重り」を前後させて編まれたが，その編み方は一目おきに編む「隔て編み」だった。

・「薦」を編むのに不可欠な，編み縄を巻き溜めた「重り」を宙吊りにするために不可欠な操作法は民俗事例から遡及的に理解できる。

第3章　樹皮製曲げ物を作る
　　　　側板の「裏見せ横使い」

はじめに

　縄紋時代から奈良時代までの諸遺跡から発掘される樹皮製曲げ物の側板や底板に，表裏の使い分けが行われていたことは考古学界で認識されてこなかった。しかし民具を参照すると，樹皮を裏返しにして側板を作る「裏見せ横使い」は，縄紋時代晩期から途切れることなく伝承され，近現代の民具へとつながっていることが判明する。

第1節　民具の樹皮製曲げ物に見る表裏の使い分け

　縄紋時代以降の諸遺跡から樹皮製品やその断片，あるいは素材そのものが発掘されるが，そうした樹皮製遺物を残した人々がどんな方法で素材を獲得したか，現行の考古学研究法では全く関心を持たれていない。自分は古老から教わった各種の採取法を追体験し，そこで得られた経験に基づいて，縄紋時代以降の人々の樹皮採取方法は，縦剝ぎ型剝離法，横剝ぎ型剝離法，螺旋剝ぎ型剝離法，抜き取り法の4種であったと理解した。それらの採取方法が縄紋時代から近現代まで伝承されてきたことは前掲拙著（104〜156頁）で論じたので本書では触れないが，これまで詳述しなかった，樹皮で曲げ物の側板を製作する際に採られる「裏見せ横使い」について明らかにしておきたい。

1　側板を作る樹皮の「表見せ縦使い」

　民具で曲げ物と言えば側面を形成する側板（がわいた）を薄板で作った製品を思い浮かべるのが普通である。ところが，それとは比較にならないほど少ないが，側板を樹皮で作っている曲げ物の民具がある。その底はほとんどの場合，板で作られているが，以下では側板の素材に注目して樹皮製曲げ物と呼ぶこと

にしたい。

その側板を作る樹皮の使い方には2通りある。一つは樹皮が樹幹に密着していたときと同じように，樹木の表面をそのまま曲げ物の外側に向けて使う一群であり，もう一つは樹皮を裏返して使う一群である。そのどちらの樹皮も樹幹から剝ぎ取ったものを使うわけだが，大きく異なるのが樹幹に刃物を当てる場所の決め方である。前者から説明しよう。

曲げ物の側板にする樹皮を得ようとするとき，まず鋸または鉈（なた）を使って樹幹の天地を形成層に届く深さまで切り込むが，その間隔は製作を予定する曲げ物の高さに見合ったものにする。次いでその天地間を連絡するように縦にも深く切り込みを入れ，その切り口に［へら］のような道具を差し入れて起こしながら静かに剝ぐ。季節さえ間違わなければ掌を差し入れただけで樹皮は

図3-1　樹皮を「表見せ縦使い」にした民具の曲げ物

1 樹皮製筒型曲げ物（ケヤキ）　口径39.9cm　高さ72.0cm（岩手県立博物館編1991）

2 持ち手付き樹皮製曲げ物（ケヤキ）　口径25.3cm 高さ18.4cm（岩手県立博物館編1991）

サワサワと音をたてながら剝げる。そうして丸剝ぎに取った樹皮は木質部（形成層）に密着していた癖で丸まろうとするから，その性質を利用して端どうしを綴じ合わせ，側板の大きさを決めてから底板を取り付けるというのが製作手順である。この製法で作られた樹皮製曲げ物の側板は樹皮の表面側を外に向けているから「表見せ」であり，天地方向は樹幹に付いていたときと同じだから「縦使い」である。図3-1例はそうして作られた樹皮製曲げ物である。この方法で作られた民具は比較的少ない。多いのは次の「裏見せ横使い」である。

2　側板を作る樹皮の「裏見せ横使い」

　前項の「表見せ縦使い」で樹皮製曲げ物を作る場合，製品の直径が樹幹の太さを超えることは物理的にあり得ない。しかし現実の生活場面では樹幹の太さを大幅に超える大口径の曲げ物が必要になる場合があった。そのときは「表見せ縦使い」とは全く異なる樹皮の剝ぎ取り方をして側板を作った。その方法を簡単に言うと，形成層に密着している樹皮を剝ぐために樹幹の天地に切り込みを入れるとき，その間隔を，想定する製品の直径を形成できる長さを見越して決めるのである。剝ぐ手順は前項と同じ。

　そうして得た縦に細長い樹皮を横に倒し（横使い），端どうしを綴って輪ないし筒を作れば，樹皮が密着していた樹幹の太さをはるかに超える大口径の側板を作ることも可能となるわけだが，そのとき，製作者は樹皮の表裏の使い分けに特別な注意を払ってきた。すなわち樹皮の裏面つまり形成層に密着していた滑らかな面を曲げ物の外側に向け（裏見せ）て側板にすることだが，じつは，それは縄紋時代以来の伝承技術だった。

　自分は，きわめて特徴的なこの樹皮利用方法は，それぞれの時代の製作者が明確な意思に基づいて表裏を使い分けていると理解し，他と区別するため「裏見せ横使い」と呼んできた。自分が以前にまとめた『樹皮の文化史』（名久井1999）の図19［だんのう］，図21［アワ干し籠］，写真22［かばおけ］，写真24［おぼけ］，図56・図57「底に縄を張った容器」，図60［輪］などの樹皮製曲げ物が「裏見せ横使い」例であった。

　樹皮をこのように使って作る民具の曲げ物は列島各地に分布している。例えば新潟県北部の奥三面ダムが建設された旧朝日村には，績んだ繊維を溜める樹

皮製［おぼけ］がたくさん残されているが，その大半は側板を作る樹皮が「裏見せ横使い」である。中部〜北陸地方の山地では親が働くときに乳幼児を入れておく［いずめ］を樹皮製曲げ物で作ったが，その側板も「裏見せ横使い」にした。岐阜県，愛知県方面で精力的に調査，研究された民俗学者の脇田雅彦さんから頂戴した旧津具村の，績んだ麻を溜めた［おんけ］の写真を見ると，やはり側板を「裏見せ横使い」にした樹皮製曲げ物であった。国の重要有形民俗文化財として指定されている岐阜県旧徳山村の山村生産用具に含まれる［せいろ］［あぶりこ］［おんぼけ］［なべしき］なども，側板を「裏見せ横使い」にした樹皮製曲げ物である。それらを含めて各地に残された民具を通観すると，側板を「裏見せ横使い」の方法で製作した樹皮製曲げ物は，北海道内ではまだ見たことがないが，本州，四国，九州の山地には見出すことができる。そんな「裏見せ横使い」の方法で作られた樹皮製曲げ物とはどのようなものか，具体的に見てみよう。

図3-2-1岩手県旧大迫町の［アワ籠（アワ乾し）］——樹皮製の器体の底部に簀子を敷き，上端には全体を吊り下げるための縄を付けて使ったもので古色が著しい。直径において国内最大級の樹皮製品である。器体の全体形は浅いが，横剥ぎに幅広く採ったサワグルミの樹皮の本来の天地を横に使い，しかも裏返しにしている。樹皮の末端は約30cmに亘って重複されており，それぞれがシナノキの樹皮縄によって他方に強固に綴り留められている。器体の口縁外面には2枚の割竹がシナノキの樹皮縄で絡げ留められ，下端には内外にヤマブドウのような木質の蔓材がやはりシナノキの縄で絡げ留められている。簀子は平行させた篠竹をシナノキの樹皮縄で編んだもので，本体下縁に格子状に張り巡らせた針金によって支えられている。これは穂刈りしたアワ穂を乾燥するための樹皮製曲げ物で，底が簀の子状に造られたのは，焚き火の上に吊るして使うためだった。器の外側がきわめて平滑であるのに対して内側には表皮がそのまま残っている。すなわち「裏見せ横使い」の好例である。

図3-2-2奈良県十津川村の［わげんどう］——籾その他の穀物，豆類の種などの貯蔵に用いられた樹皮製曲げ物で，側板には全例ともケヤキの樹皮を用い「裏見せ横使い」にしている。奥の右側が最大で縦68.5cm，口径62.3cm。手前左端が最小で縦21.3cm，口径24.4cm。その側面には所有者名が，底には「大

図3-2　樹皮を「裏見せ横使い」にした民具の曲げ物

1　[アワ籠(アワ乾し)]　最大径83.5cm　高さ41.2cm　厚さ
10mm　サワグルミ(花巻市総合文化財センター所蔵)

2　[わげんどう](奈良県十津川村，十津川村歴史民俗資料館所蔵)

3 ［種籠］［小鉢］（高知県津野町，個人蔵）

4 ［蚊いぶし］か？（岩手県立博物館編1991）　左側：口径31.5〜23.5cm　高47.5〜44.8cm（岩手県　長内三蔵氏所蔵），右側：口径21.1〜29.7cm　高32.3cm（岩手県葛巻町教委所蔵）

正四年五月拾壱日　原田留吉作」と墨書がある。手前右端の底には「昭和七年製作」と書かれている。

　なお同館に収集されている樹皮製曲げ物には「表見せ横使い」にした製品もある。

　図3-2-3高知県高岡郡津野町の［種籠］［小鉢］──写真奥左はトウモロコシ，ダイズ，アズキなどを播くときに種を入れて腰に付けたもので，昭和40年代前半に作られたものらしい。長径12.3cm，短径10.7cm，高さ14.6cmで紐はイグサ製という。写真手前は籾，玄米，白米を掬う［小鉢］で長径20.5cm，短径15cm余，高さ11cmで，綴り紐はツヅラという。いずれもケヤキの樹皮を用いて「裏見せ横使い」にしたもの。

　図3-2-4──岩手県北上山地の［蚊いぶし］か？──底に相当する部分にシナノキの樹皮縄を張った，樹皮を側板とした曲げ物である。それぞれの端は重ねられ，シナノキの樹皮縄で綴じられている。樹皮の厚さは2〜3㎜。岩手県の北上山地中央に位置する平庭峠を挟んだ葛巻町でも同様の製品が採集されている。それらの使途について今から30年ぐらい前に90歳ぐらいの複数の古老にうかがってみたり，聞いてもらったりしたが，名称も用途もわからなかったものである。このような形態をもって機能したものであったが相当古い時代に姿を消したのであろう。自分は図3-2-5④の［蚊いぶし］との構造的共通性，およびこの資料の側面中ほどが変色している原因が加熱されたことによるもの

ではないかとみて，作業をする「にわ」にでも置いて使った大型の［蚊いぶし］ではないかと想像している。これらの側板の外側がきわめて平滑であるのに対して，内面には全面にわたって削り痕が残るから，いずれも樹皮を「裏見せ横使い」にして製作した例である。

　図3-2-5「裏見せ横使い」で［蚊いぶし］を作る——夏の畑で作業するとき，まとわりつく蚊を避けるため，昔の人は［蚊いぶし］を支度し，底にフキの葉でも敷いてからヒエ糠などを入れて，熾火を載せたものを腰から下げたものであった。煙を盛んに出すことが蚊よけに効果があると信じてのことである。写真はトネリコ属のサンナメの木（マルバアオタモ）の樹皮を剝ぎ，「裏見せ横使い」に

5「裏見せ横使い」で［蚊いぶし］を作る（岩手県宮古市小国，写真提供　宮古市北上山地民俗資料館）①マルバアオタモの樹皮を剝ぎ，横に倒して裏側を出す

同　②筒状にして干す

使って筒状に形作り，下端近くに紐を渡して作った。煙をくゆらしたときの熱で衣服が傷まぬように側面に板を付けた。ただし写真に見える完成品のうち，板を取り付けた方は樹皮を「表見せ縦使い」にしている。

同 ③側板を綴じ合わせてから底の部分に細紐を張り
渡す

　前項でみたように樹皮を「裏見
せ横使い」にして作る曲げ物は，
述べたように薄板で作る曲げ物に
比べると少数派だが，注意深く探
索すると山間の集落ではしばしば
用いられてきたことがわかる。そ
れらの要点をまとめると次のよう
になる。

・使用する樹皮
　ケヤキのほかサワグルミ，ウリ
ハダカエデ，ウダイカンバ，マル
バアオタモその他。

・製品の大きさ
　穂刈りしたアワを入れて干すと
か，脱穀したムギなどを収納する
ためには大型の曲げ物も作られた
が，績んだ麻を入れる容器のよう
な中型の製品，腰に付けて使う
［種入れ］や［蚊いぶし］のよう
な小型の製品も作られた。

・側板の内面

同 ④完成品(板を取り付けている方の樹皮は「表
見せ縦使い」，奥の２点は「裏見せ横使い」

　　　大型の曲げ物を製作するにはできるだけ太いケヤキやサワグルミが選ば
れるが，分厚い樹皮をそのままたわめるのは困難なので，多くの場合，た
わめる前に表面を削り取る。剝ぎ取ったばかりの樹皮は湾曲しているので
天地方向に刃物を走らせるほうが削りやすい。削った面を内側にしてたわ
め，「裏見せ横使い」にするので側板の内面側には削り痕が横方向に走る
ことになる。

・側板の外面

　「裏見せ横使い」にした樹皮製曲げ物の側板の外側は，どんな樹種でも平滑である。

・底　　　　板

　民具の樹皮製曲げ物の底はほとんどの場合，板材を使っている。底も樹皮で作っている民具は稀有で，自分は宮崎県内に所在する3個体の［かばおけ］以外には知らない。そのうち2個体は実見する機会があったが，その底に使われた樹皮は，形成層に密着していた肌のきれいな方を器の内側に向け，表面を刃物で削った外皮側は接地面に使われている。鋸が普及して板材や箱が入手しやすくなるまでは，底も樹皮で作ることが多かったのではないかと想像している。

　自分は，「裏見せ横使い」にする技術の存在に気付いた30余年前から，樹皮を何故にそのように使うのか，製作経験者からその理由を聞きたいと思いながら，その機会がなかった。しかし数年前に岩手県宮古市小国で［蚊いぶし］を作る古老（図3-2-5）から，その理由を「きれいに円形を保って乾燥するから」と教えられ，長年の疑問が氷解した。

　このように諸例を見てくると樹皮を使って曲げ物を作ろうとするとき，側板を「裏見せ横使い」にするのは，樹幹の直径をしのぐ大型容器を作る場合ばかりではなく，側板をきれいな円形を保って乾燥させたい場合，あるいはその両方を得たい場合に採られる方法であった。この特徴的な樹皮利用技術に関しては前掲拙著（146〜152頁）で縄紋時代例から古墳時代例について述べたが，本書ではそのさい図示しなかった古墳時代例を中心に紹介したい。

第2節　発掘された樹皮製曲げ物の「裏見せ横使い」

1　主要な素材——ケヤキ樹皮の表裏識別

　遺跡から樹皮製曲げ物やその破片が出土すると，ほとんどの発掘調査報告書には単に樹皮製としか記載されない。樹種が同定されないところに樹皮利用文化に関わる価値観が表れている。ごくまれに樹種が同定される樹皮製遺物があっても表裏の使い分けまでは言及していない。これまでの考古学研究にとって

図3-3　ケヤキ樹皮に見る表裏識別の指標

1　[かば箕]（ケヤキ樹皮製，岩手県宮古市）

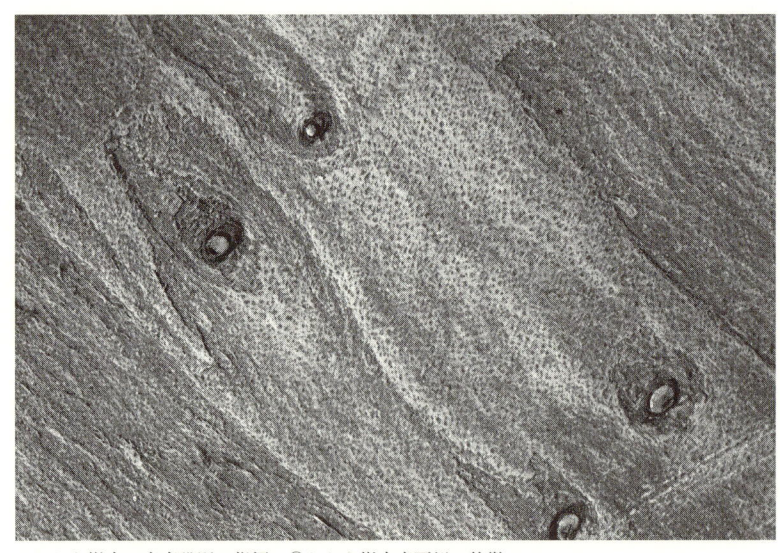

2 ケヤキ樹皮の表裏識別の指標　①ケヤキ樹皮表面側の特徴

樹皮製曲げ物の側板の表裏など，眼中になかったことが明らかだが，民具を参照すると，樹皮製曲げ物の側板に認められる樹皮の表裏の使い分けが縄紋時代から現代まで途切れることなく行われてきたことが判明するのである。

　樹皮製民具を見慣れた眼で見ると，発掘された樹皮製曲げ物に使われている素材の樹種はかなり限定されるようである。その樹種の判別と，樹皮の表裏を識別するために自分が利用している方法を紹介しておきたい。自分が，発掘さ

れた曲げ物の樹皮の樹種やその表裏を識別するうえで指標になり得ると確信し，判断基準として用いてきたのは，40年以上も前に岩手県宮古市内の荒物屋で購入した，ケヤキの樹皮で作られた［かば箕］である（図3-3-1）。それは，脱穀した後の葉や茎の欠けらを交えた穀物をこれに入れ，「箕ぶき」という動作でごみを飛ばし去るために使う農具だが，同地方ではこれをケヤキのほかサワグルミの樹皮でも作った。どちらで作る場合も穀物に触れる面，つまり［かば箕］の内側には樹皮の表面を削った表皮側を向けている。したがって［かば箕］の接地面や側面は樹幹にあっ

同　②同裏面側の特徴

たとき形成層に密着していた面ということになり，その表面は何の加工も施されていなくても甚だ滑らかである。

　出土した樹皮製曲げ物の側板，底板の表裏を判別するのにとくに有益なのは，そのケヤキ樹皮製の［かば箕］に顕著に表れている内外面の特徴である。すなわち［かば箕］の内側の，削られた面をルーペで見ると必ずゴマ粒のように微細な黒褐色粒状の斑点が一面に散っている（図3-3-2①）。その黒褐色の斑点は，或る深度を保って平らに削った場合はその斑点も面状に出現するが，局部的にえぐるように削った場合は等高線風の縞状に出現する。これに対して接地面や側面外側の甚だ平滑な面をルーペで見ると一定方向に微細な組織の走痕が連なって見える。その方向をたどってみると樹皮が形成層に密着していたとき

図3-4　古墳時代の樹皮製曲げ物

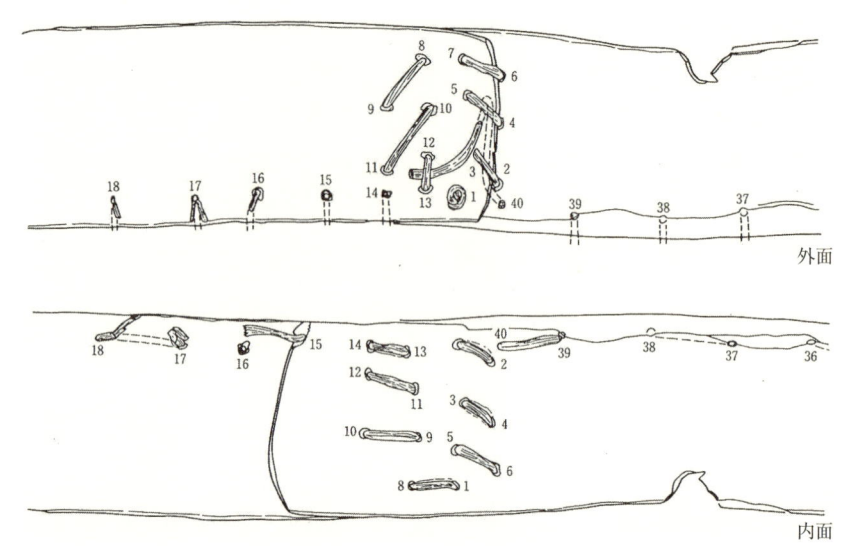

外面

内面

1 群馬県天引遺跡Ｃ区26号粘土採掘坑出土　古墳時代（6世紀前半）（ケヤキ樹皮製）　①側板　側板の
　長さ107cm　幅9.8cm　厚さ4.0mm　底板の厚さ4.0mm

同　②側板綴じ合わせ部分の外面

同　③同内面

　の天地方向に一致している（図3-3-2②）。このような顕著な外観は出土した
ケヤキの樹皮製品の表裏を判別するのに有効である。

2　発掘された「裏見せ横使い」の樹皮製曲げ物

　黒褐色粒状の微細な斑点が出現するのはケヤキの樹皮の外皮側が削られた面
であり，その裏面に認められる一定方向に走る微細組織の走行痕は樹皮の形成
層に密着していた面であるという自然科学的性質は不変に違いない。したがっ
て，これを指標として出土遺物を見ると，その樹種がケヤキであることや，そ
の表裏を見極めることができることになる。以下に挙げるのは古墳時代以降の
樹皮製曲げ物である。

（1）古墳時代の出土例

　図3-4-1の天引遺跡C区26号粘土採掘坑出土例は高さが約10cmの浅い樹皮
製曲げ物で，側板はおおよそ7割程度，樹皮製の底板は4割ぐらいが残ってい
る。側板は合わせ目を中心として大きくカーブしていることから内外面の識別
は容易である。側板外面の外観はかなり平滑で，非常に細い組織が横方向に走

同　②底板　器内面側

同　③同　接地面側

2 群馬県梅ノ木遺跡出土　古墳時代
（ケヤキ樹皮製）　長径約26.0cm　高
さ約11.5cm　厚さ2mm　①側板と底
板

っているのに対して，その逆側すなわち内面側の表面には微細な黒色粒状の組織が広がっている（同図③）。これは図3-3-2に示したケヤキの樹皮の表裏識別の指標である①に相当する面である。この特徴から，この側板はケヤキの樹皮を「裏見せ横使い」にしたものである。なお図示しないが，この側板に伴

う底板の一面の縁には側板が綴じ合わされた痕跡が残っており，器内面側と接地面側の識別が容易である。それによると接地面側が一面に削られているのに対して器内面側はきわめて平滑であり，両面ともにケヤキ樹皮の内外面の特徴と一致する。底板もまたケヤキの樹皮で作られたこと，その表裏も使い分けられていることが留意される。

なお，この遺跡の72号粘土採掘坑からも表裏の識別が容易である同様のケヤキ樹皮製曲げ物が出土しているが，その側板も「裏見せ横使い」にしており，底板も形成層に密着していた方を器内面側に向けている（群馬県埋蔵文化財調査事業団編 1997）。

図3-4-2の梅ノ木遺跡出土の樹皮製曲げ物は古墳時代の住居跡が検出された近くの土坑から，綴り紐は消失していたものの，ほとんど完全な形を保った状態で発掘された。その外観から素材はケヤキ。側板の器外面は風化しているが，全面にわたって横方向に走る細い筋のようなものが明らかであるのに対して，器内側の面はほぼ横方向に走る削り痕が明瞭に認められる。この表面的特徴から側板は「裏見せ横使い」である。底板は側板が載った状態で発掘されたことによって器の内外面の識別が明瞭である。すなわち側板が載っていた痕跡を留めている底板の器内面側には，ほぼ同方向に微細な組織痕が走っている（同図②器内面側）のに対して，接地面側には，あたかも地図の等高線風の縞模様が顕著であり，工具がやや深く入った部分には細かな黒色点の分布が認められる（同図③接地面側）。これはケヤキの樹皮の表面を削った場合に現れる特徴であるところから，ケヤキの樹皮の外皮側を接地面側に向けるという，諸例と共通した使い方である（新田町教育委員会編 1999）。

図3-4-3の山王遺跡出土の樹皮製曲げ物は側板と底板が綴り合わされた状態で発掘されたので底板の器内面側と接地面側との識別は容易である。側板が立っていた痕跡が残る底板の器内面側は風化しているものの一定方向に細かな組織が並んでいることが明らかである。それに対して接地面側には細かな黒色粒状の点が一面に広がっている。これは図3-3-2で見たケヤキの樹皮の表裏の特徴に合致する。よってこの山王遺跡出土例の底板は形成層に密着していた方を器内面側に向け，表皮側を接地面側に向けていることが知られる。側板の器外面には細かな組織痕が横に走っており（図3-4-3②），器内面側には細か

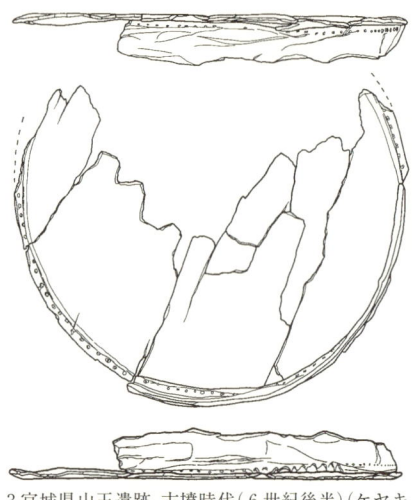

3 宮城県山王遺跡　古墳時代（6世紀後半）（ケヤキ
　樹皮製）　①側板と底板　残存する側板の高さ
　約4cm 厚さ約4mm（所蔵ならびに写真掲載承認
　は東北歴史博物館）

同　②側板　器外面側

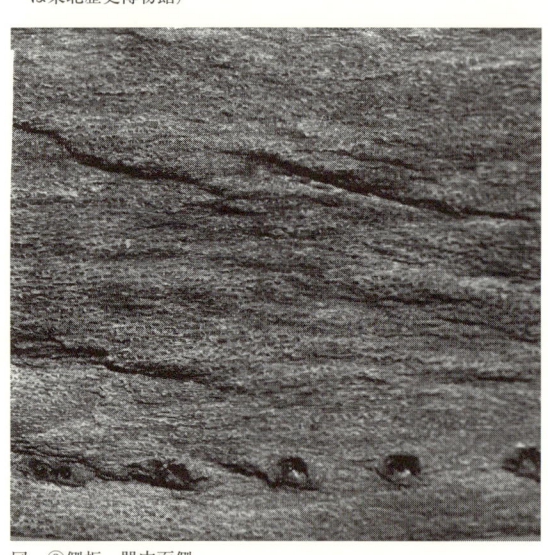

同　③側板　器内面側

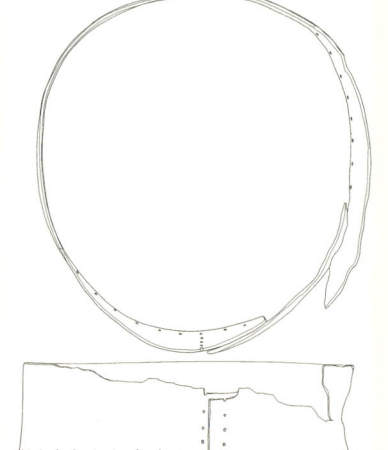

4 宮城県市川橋遺跡　古墳時代後期（ケヤキ樹
　皮製）　直径49.6cm 高さ14.0cm　①側板と
　底板（所蔵ならびに写真掲載承認は東北歴
　史博物館）

な黒色粒上状の点が一面に広がっている（同図③）。よって，この側板は「裏見せ横使い」である（宮城県教育委員会編2001b）。

図3-4-4の市川橋遺跡のSD5093河川跡から古墳時代後期の土器とともに農工具，漁具のほか祭祀関連等の多様な木製品が発掘された。その中に樹皮製曲げ物があり，外観の特徴からその素材はケヤキである。

側板は重ね合わせ部分の付近を中心として上縁近くが欠落しているが，下半分は原形を留めており，側板の内外面の判別は容易である。その観察によると側板の外面には全面にわたって横に走る無数の微細な筋のようなものが見えており，平滑なその表面には工具による加工痕は認められない（同図②器外面側）。これ

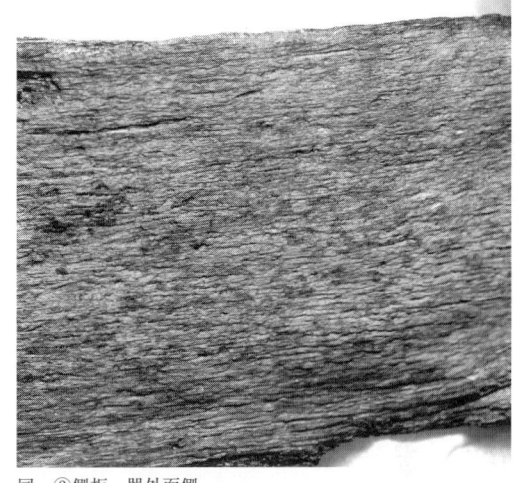

同　②側板　器外面側

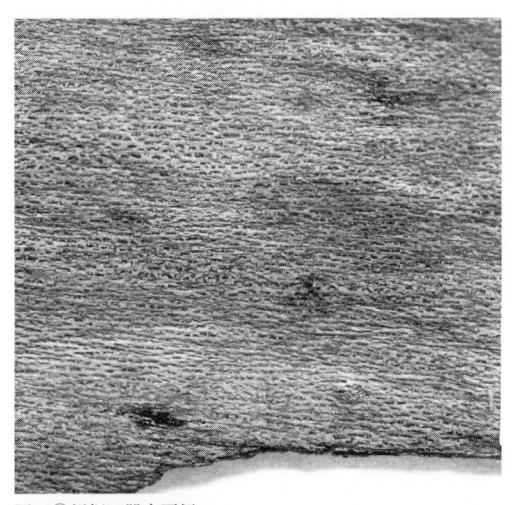

同　③側板　器内面側

に対して器内面側には部分的に削り痕が見えるばかりでなく，黒色粒状の微細な斑点が観察される（同図③器内面側）。双方の特徴は図3-3-2で見たケヤキの樹皮の表裏の特徴に合致しており，側板の外面側は形成層に密着していた裏面と認められるから，この側板がケヤキの樹皮を「裏見せ横使い」にしている（宮城県教育委員会編 2001a）。

図3-4-5の千葉県五所四反田遺跡出土の樹皮製曲げ物の側板で目に付くの

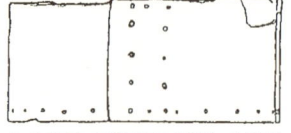

5 千葉県五所四反田遺跡 古墳時代（5世紀中頃〜後半）（ケヤキの樹皮製） 口径21.4cm
①側板

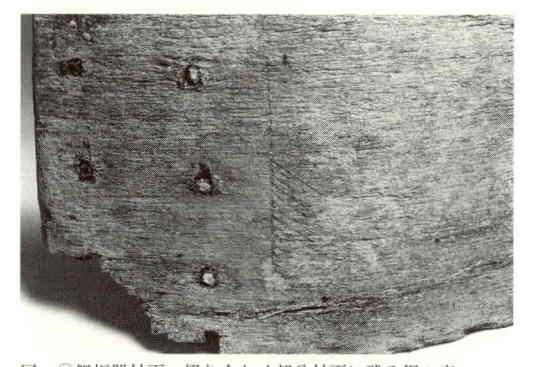

同　②側板器外面　綴り合わせ部分外面に残る鋸の痕

は綴じ合わせた部分の付近に残る櫛目のような短い平行線である。これは樹皮の端どうしを重ね合わせ，綴じた後に余分な所を鋸で切断した痕跡と思われるから，この痕が残された方が器外面側である。その地肌には横方向に走る細い線が認められる（同図②器外面側）のに対して，その逆側すなわち器内面側には小さな黒色粒上の微細な点が観察できる（同図③器内面側）。これもまたケヤキの樹皮の表裏の特徴に合致するので，やはり側板を「裏見せ横使い」にした例である（小川浩一1996）。なお④，⑤は底板である。市原市教育委員会所蔵。

　図3－4－6の根岸遺跡出土の樹皮製曲げ物は報告書によると第2号流路跡の底面から，底板の上に半ば押しつぶされた側板が載った状態で発掘された大型の樹皮製曲げ物である。底部の縁には，側板が立っていたことを示す痕跡が黒色筋状に残っているので器内面側と接地面側の識別は容易である。それによると側板が立っていた痕跡を残す器内面側の地肌の全体に均質微細な繊維の走痕が並行しており，一見してケヤキの樹皮内面と識別できる（同図②器内面側）。これに対して工具による削り痕が顕著な接地面側には一面に黒色粒状の組織が散らばっている（同図③接地面側）。その特徴は図3－3－2で見たケヤキの樹皮の表裏の特徴に合致するから形成層に密

着していた方を器内面側に向け，接地面には表皮側を向けているのである。この側板の周囲には直径2〜3mmの紐通しの貫通孔が並んでいるが，その孔の大きさは表裏とも同じである。その痕跡から孔を開けた工具は［四ツ目錐］だったと思われる。一部の孔の中に残存しているのは，目視ではクズのような蔓の皮である。

接地面側に表面を削り取った刃物の痕が同方向に並んでいるのはこれまで見てきた「裏見せ横使い」の樹皮製曲げ物の底部（梅ノ木遺跡・天引向原遺跡）と共通している（いわき市教育委員会編2000）。

図3-4-7の板橋2遺跡からの出土例は不整な円形をしているが周囲に径約5mmの孔が並んでいること，一面の縁には側板が立っていた痕跡が残っていることから，樹皮製曲げ物の底板と見られる。側板は発見されなかった。図示されているのは接地面側で，まな板のように使われたらしく包丁を使ったと思われる多くの傷が残されている。その地肌には微細な黒色粒状の斑点が顕著である（同図③接地面側）のに対して，側板の痕跡がある器内面側の地肌には微細

図3-4-5 ③側板内面

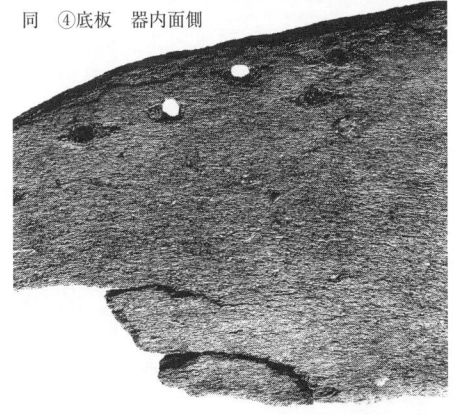

同 ④底板 器内面側

同 ⑤底板 接地面側

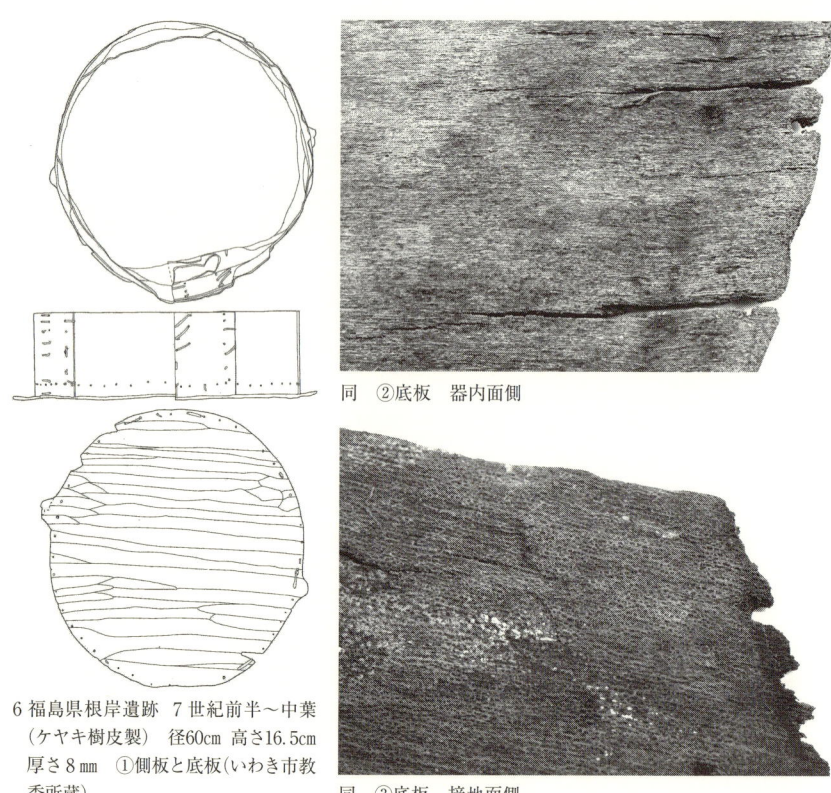

同　②底板　器内面側

6 福島県根岸遺跡　7 世紀前半〜中葉
（ケヤキ樹皮製）　径60cm　高さ16.5cm
厚さ8㎜　①側板と底板（いわき市教
委所蔵）

同　③底板　接地面側

な線が一定方向に走っている（同図②器内面側）。これもまたケヤキの樹皮の形成層に密着していた方を器内面側に向け，接地面側には表皮側を向けた例である。既出の「裏見せ横使い」例の曲げ物の底板に共通している（山形県埋蔵文化財センター編 2004）。

（2）発掘された樹皮製曲げ物のまとめ

　前項で見た縄紋時代晩期以降の樹皮製曲げ物における側板や底板の共通点をまとめると次のようになる。

〈樹　　　種〉

　民具の観察から得られた外見上の特徴を指標として判別すると，各地で発掘された縄紋時代から奈良時代までの樹皮製曲げ物の素材は，多くがケヤキであった。ただし本書では取り上げなかった縄紋時代晩期の石川県中屋サワ遺跡例

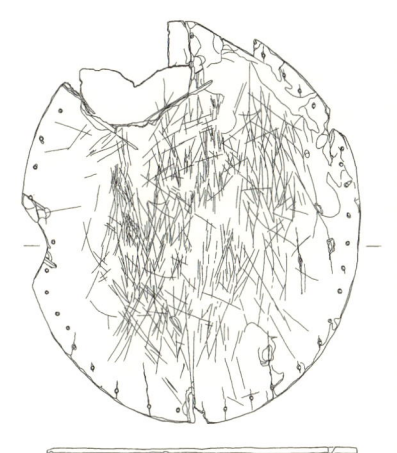

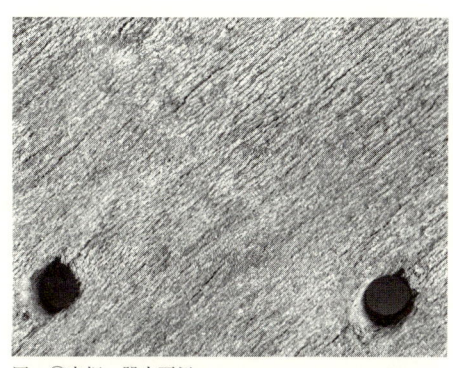

同 ②底板 器内面側

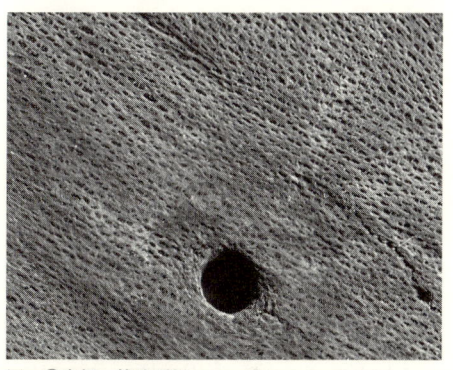

同 ③底板 接地面側

7 山形県板橋2遺跡 古墳時代 最大径
49.1cm 短径40cm 厚さ7.1mm(ケヤキ樹皮
製) ①底板

は専門家によってコナラ属と同定
されている。

〈側板外面の特徴〉

　各遺跡出土例の側板外面は風化
している例があるものの，おおむ
ね平滑であり，全面にわたって横
方向に走る無数の微細な筋のような組織痕が認められ，その方向はケヤキの樹
皮の裏面に酷似している。側板外面に見られるこのような外観から，それは樹
皮が樹幹にあるとき，形成層に密着していた平滑な面を曲げ物の外側に向けて
いることと，その樹皮が横向きに使われていることを物語っている。少なくと
も古墳時代以降の遺跡から出土した樹皮製曲げ物の側板は「裏見せ横使い」に
している。

〈側板内面の特徴〉

　各例の側板内面にはおおむね横方向に走る削り痕が認められ，併せて，しば
しば黒色粒状の微細な斑点が認められる。それは側板として利用するケヤキの
樹皮が厚過ぎたので，側板として使うための曲げる作業を少しでも容易にする
ため，刃物で樹皮の表面を削った痕跡である。

〈底　　　板〉

　側板を伴って発掘されたときの所見から樹皮製曲げ物の底板であることが明白な例がある。その全例において，接地面側には申し合わせたかのように石器もしくは鉄製刃物による削り痕を認めるのが普通である。すなわち器内面側を向いている面は平滑であるところから形成層に密着していた面である。

　出土遺物に認められる上のような特徴は，曲げ物の側板を樹皮で作るときの「裏見せ横使い」によった結果であり，ほとんどそのままの特徴が民具にも認められる。そのことは，遺跡に樹皮製曲げ物を残した人々もまた，樹幹の直径をしのぐ大型容器を作りたいとか，側板をきれいな円形を保って乾燥させたい場合，あるいはその両方を得たい場合に「裏見せ横使い」にしたことを物語る。

　出土遺物を見るかぎり，曲げ物の側板を樹皮で製作している場合は底も同種の樹皮で製作している。底を作る場合にも表裏の使い分けが行われており，接地面側には外皮を向け，器の内部には形成層と密着していた平滑な面を向けている。

　ひるがえって民具の樹皮製曲げ物を見ると，側板にはケヤキその他の樹皮が選ばれ「裏見せ横使い」で作られるが，出土資料と異なっているのは底の素材で，民具ではほとんどの場合，板で作られている。しかし自分が知るかぎり，出土資料のように樹皮の表皮側を接地面とし，形成層に密着していた平滑な面を器内面に向けて底板にしている民具が３点だけ実在している。今のところ，その淵源を縄紋時代晩期までたずねることができるという意味では縄紋時代直系とも言えるその３点は，いずれも宮崎県椎葉村に住む農家に伝わった民具で，そのうちの１点（前掲拙著142〜144頁）は椎葉村歴史民俗資料館に，もう１点は宮崎県総合博物館に展示されている。

第3節　縄紋時代から
現代へ受け継がれた「裏見せ横使い」

　以上のように，縄紋時代から古代までの諸遺跡から発掘される，ケヤキの樹皮を「裏見せ横使い」にして曲げ物の側板を作る製作技術は，現代民俗例と質的に共通していることが明白となった。今のところ古代までの出土例と現代民

俗例との間には大きな時間的空白があるわけだが，その空白の意味を理解するうえで鍵を握るのは，われわれが普通に見かける薄板製の曲げ物である。その多くは針葉樹を用い，［鋸］で玉切った丸太を木口から刃物で割ることを繰り返し，最後は刃物と手で薄く剥（へ）いで側板を支度する。その板製曲げ物の構造や製作技術が「樹皮製」曲げ物のそれと酷似しているところから，その起源については縄紋時代の樹皮製曲げ物に遡ると述べたことがある（名久井1988）。

その「樹皮製」曲げ物と，その後に発達した「板製」曲げ物は，少なくとも弥生時代から奈良時代までは併行した。それは木工具の発達史でいうと，石器だけで製作した縄紋時代に始まり，鉄製工具が普及した古代へと連続したのである。鉄製工具が普及した時代にも樹皮製曲げ物が製作されていたことを示す例は，じつは出土資料の中にも認められた。

古墳時代の千葉県五所四反田遺跡例（市原市教育委員会所蔵）の側板には，綴じ合わせた後の余分な部分を［鋸］で切断した痕跡が残っていたし，天引遺跡例には［鑿］と推察できる工具や，［小刀］で切った形跡が認められる。青谷上寺地遺跡，天引遺跡，山王遺跡，市川橋遺跡，根岸遺跡などの側板に開けられた紐通し用の穴には［四つ目錐］の使用痕が認められる。

このように鉄製工具が普及した段階になっても製作されていた「樹皮製」曲げ物が平安時代例を最後に出土しなくなる一方で，「板製」曲げ物が後世まで出土し続けるのはなぜか。

自分の考えはこうである。「板製」曲げ物は素材入手の面で「樹皮製」曲げ物よりも圧倒的に有利だった。すなわちケヤキのように広葉樹の樹皮だけを使う「樹皮製」曲げ物と，主として針葉樹の材木を薄く割って使う「板製」曲げ物とでは，製作者が確保できる素材の量に大差があったから，生産量の面で競争になるはずはなかったのである。素材入手の面で有利だった「板製」曲げ物は，弥生時代以降の鉄製工具の普及に支えられて，商品化，専業化が進み，量産されることになった。専門の手工業者が現れて，大小，各様の曲げ物が商品として流通した。

一方の「樹皮製」曲げ物は，建材や建具，剥り物や挽き物などの材料としてケヤキの大木が伐り倒される機会に，樹皮を利用する父祖伝来の樹皮製曲げ物

を製作する知識や技術が生かされる，といった形で終始したのではないかと思う。そのため出土遺物としての出現頻度に大差が生じることになったのであろう。そんな次第で「樹皮製」曲げ物が遺跡から出土しなくなったとしても，それは技術が途絶したのではなく，比較的容易に容器を作ることができる素材として，樹皮は絶えることなく使われ続けられたというのが実態ではないだろうか。そのために，表裏の使い分けを包括する「樹皮製」曲げ物の製作技術と知識は，専門の手工業者が作る「板製」曲げ物の陰で，生活の知恵といった形で受け継がれ，近現代の民具にその命脈をつないだというのが実態ではないかと思う。

　そのように樹皮を「裏見せ横使い」にして使う技術が長く受け継がれてきたのは樹皮の自然科学的性質が利用されてきたからである。その性質は不変であろうから樹皮の利用が始まった段階まで遡る可能性がある。今のところ縄紋時代晩期よりも古い樹皮製曲げ物は発見されていないが，もしも将来，発見されるとすれば，その側板はおそらく「裏見せ横使い」にしたものであり，底板は接地面側に樹皮の表側を向けたものであろう。

ま　と　め

- 樹皮製曲げ物の側板を「裏見せ横使い」にするとか，底板は必ず平滑な方を器内面に向けて作るといった表裏の使い分けは，縄紋時代晩期から古代までの諸遺跡から発見される。
- その技術は縄紋時代から幾百世代にもわたって受け継がれ，現代の民具にも受け継がれている。

第4章　木割り楔の時空間的展開

はじめに

　縄紋時代人が大木を割った道具は「磨製石斧」だった。それが弥生時代に太型蛤刃石斧に受け継がれ，古墳時代には真っ直ぐな柄を挿入して使う木割り楔に交代した後，民具の鉄製［袋矢］に移行した。木割り楔に認められる固有の痕跡を指標とすると，それは後期旧石器時代からすでに使われていた形跡がある。

第1節　木口から大木を割る現代の民俗事例

　考古学界では磨製石斧と言えばすなわち伐採斧であると，何のためらいもなく理解されている。しかし自分は「木を割った磨製石斧と，その後継器種」という論文で次のように論じた。「磨製石斧」として理解されてきた石器の中に，じつは初めから木割り楔として作られたものが存在する。ただし伐採斧として作られた磨製石斧が折れた後で刃部側が木割り楔として転用されることがあった。その転用の際に折損部上端に調整剝離を加えたり潰したりした。木割り楔は古墳時代の鉄製「割り楔」を経て民具の「袋矢」に移行していった（名久井2011）。

　自分が「木を割った磨製石斧」の存在を考古学界で初めて論じるに至った契機は，山から伐り出した木で自家用の薪を支度する複数の人の木の割り方を見せていただいたことだった。その民俗事例を見て甚だ印象深かったのは，立てることができないような長い木も必ず木口から割り始めることだった。同時に目を引いたのは，全体が鉄で造られる「矢」と併用される，矢の上半部に設けられた袋部に短く真っ直ぐな柄を挿入して使う「袋矢」が，木割り楔として大きな効果を発揮することだった。自分はその民俗的技術や民具の木割り楔を見て，縄紋時代以降の諸遺跡から発掘される大木の割り材は，木口に楔を打ち込

図4-1　柿板生産に見る木割り方法

1 木口の側面に近い所にハンマーで［包丁］を打ち込む

2 「ひび」に最初の［木矢］を打ち込む

3 「ひび」を頼りに，一直線上に複数の［木矢］を打ち込む

4 深く打ち込む　　　　　　　　5 側面に及んだ「ひび」に［木矢］を打ち込む

んで割られたものに違いないと確信したのである。

　最近，薪炭材をはるかに凌ぐ太い木の割り方を見学する機会があった。平成29（2017）年7月20日に見学させていただいたのは，社寺建築の屋根を葺く「こけら」を生産する栗山木工有限会社（長野県木曽郡大桑村野尻所在）を率いる栗山弘忠さんが行っている木割方法である。

　まず直径約50cmのサワラの木口，それも側面に近い部分に肉厚の［包丁］を当て，横槌で叩き込んで「ひび」を入れる（図4-1）。「ひび」が生じたところで［包丁］の役割は済み，今度はその「ひび」に，硬いことで知られるミズメザクラ材を板状，楔形に削って作った複数の「矢」（以下［木矢］とする）を打ち込み，「ひび」の幅をさらに押し広げる。その結果，「ひび」は材の側面まで及ぶから，今度はその側面の「ひび」に［木矢］を打ち込む。すると「ひび」の幅はさらに広がり，末端に向かって伸長していく。そのとき木口に打ち込んだ［木矢］が脱落するから，今度はその［木矢］を，伸びた「ひび」の先に打ち込む，という手順を繰り返すと，太い材もついには分離する。

6 材が分割する

上に挙げた栗山木工での木割り方法は，木口に「ひび」が入りさえすれば，その後は［木矢］と，それを打ち込む［横槌］さえあれば足りることを教える。［木矢］の役割が甚だ大きいことが理解されるわけだが，そんな［木矢］の起源は，木口に「ひび」を入れるところから木割りが開始される縄紋時代まで遡る可能性が高いと見るべきである。

〈木口・鉄製工具・木の太さ〉

図4-1の民俗事例で自分が注目するのは，木口に「ひび」を生じさせるために使われる道具の大小である。栗山木工で使われている工具ではそれが［包丁］だった。それに対して前掲拙著（87頁）に紹介した民俗事例で使われた道具は［金矢］だった。「ひび」を生じさせるために使われる道具として，刃が長い［包丁］を使う場合と普通の［金矢］を使う場合の差異はどこからくるか。それは，割ろうとする木の太さの差異による使い分けであると理解する。すなわち栗山木工で使われる刃の長い［包丁］は，大径木しか割らないプロ仕様の工具である。これに対して木口に1〜2本の［金矢］を打つのは，それだけで割れるような太さの木を対象とする，薪を支度する人や炭を焼いた人々の道具であり，割り方だったのではないかと思う。それでも民俗事例で留意しておきたいのは，木口に複数の［金矢］を一直線上に揃えて割る場合があったことである（前掲拙著88頁写真）。もしかしたら，それは［包丁］がまだない時代に大径木を割る必要があったときの割り方の名残ではないかと思う。

上のような民俗的技術から押さえておきたいことは，木は必ず木口から割り始めること，その木口に「ひび」を生じさせることができたのは［包丁］や［金矢］のような鉄製の刃物だったことである。そうして，いったん「ひび」

ができてしまえば，その中に打ち込むのは「木矢」でもよかった。自分は，これらを扱う民俗的技術のうち，まだ「ひび」が入っていない木口に「ひび」を生じさせるには鉄製の工具でなければならなかったことに注目したい。それは鉄器以前の木割り用具を示唆するに違いないからである。

第2節　発掘された木割り楔

1　折れる前の基部側と接合した木割り楔

　鉄器がなかった縄紋時代や，十分に普及していなかった弥生時代の人々が太い木を割るために用いた楔として自分が注目したのは，折れた磨製石斧を転用した木割り楔である。

　ヒトが切り倒した木でも自然災害で倒れた木でも，生の丸太が放置されて乾燥すると干割れが生じるのは自然現象である。鉄斧以前には，そんな干割れに打ち込んで「ひび」を押し広げる道具は自然礫でもよかったかも知れないが，もしも「ひび」の幅が狭いために自然礫が入らない場合には先端を研いで鋭く成形した薄型の石器，もしくは木製の楔（木矢）が必要であったろう。［木矢］はひとまずおいて，木割り用に用いられた石器の有力候補として自分が注目してきたのは磨製石斧である。なぜなら，木割り作業に対応できる道具は，鉄器以前においては木を伐採できる切れ味を備えた磨製石斧以外に存在しなかったと考えるからである。

　磨製石斧は木割り楔としても使われたという，考古学界で通説にもなっていない自分の推察を補強する石器は，じつは各地で発行された発掘調査報告書に掲載されている。折れた磨製石斧の刃部側と基部側とが折損部で接合する例は少しも珍しくないが，その中でとくに注視したいのが折損部で接合する刃部側の上端だけが破壊されている図4-2のような諸例である。

　木を伐採するために磨製石斧を使う以外に方法がなかった鉄器以前の人々は，その切れ味を良くするため刃先をできるだけ鋭く研ぐ必要があった。そのためには刃部付近をどうしても薄めに製作しなければならなかったから，これを木に打ち込んだ時の強烈な衝撃が限度を超えたときに折れた。言い換えれば，折れた状態で発掘された磨製石斧の刃先は斧として木に打ち込んだときの切れ味

図4-2 折れる前の基部側と接合した木割り楔

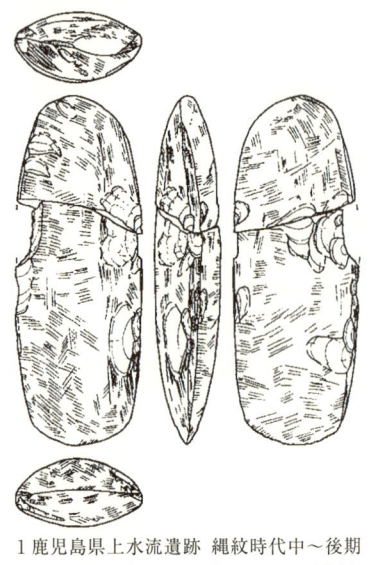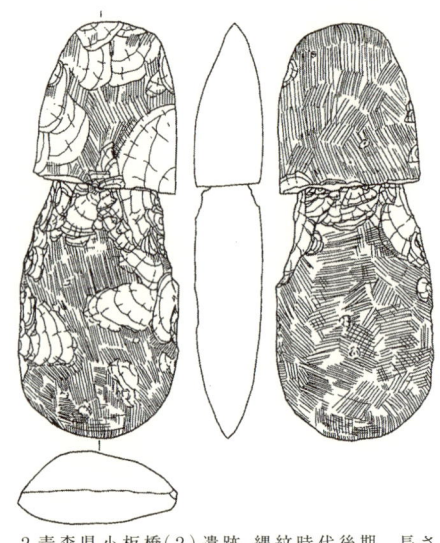

1 鹿児島県上水流遺跡 縄紋時代中〜後期
　長さ12.7cm 幅4.2cm 厚さ2.5cm 頁岩(鹿
　児島県立埋蔵文化財センター編2007a)

2 青森県小板橋(2)遺跡 縄紋時代後期　長さ
　14.5cm 幅5.8cm 厚さ2.6cm(階上町教委編2002)

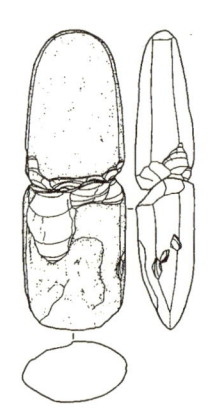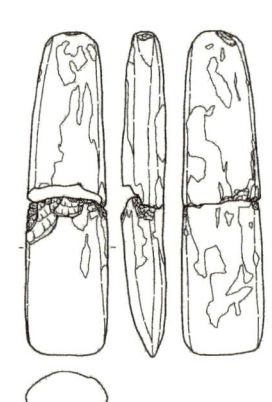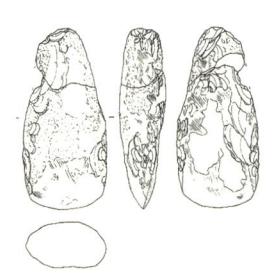

3 福井県吉河遺跡 弥
　生時代　長さ18.8cm
　幅6.8cm 厚さ3.9cm
　安山岩(福井県埋蔵
　文化財調査センター
　編2009)

4 秋田県物見坂3遺跡(秋田県
　教委編2003)

5 鹿児島県諏訪牟田遺跡 縄紋
　時代早期　長さ14.9cm 幅
　7.2cm 厚さ4.0cm 頁岩(鹿
　児島県立埋蔵文化財セン
　ター編2007b)

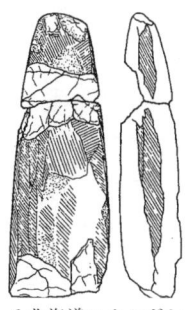

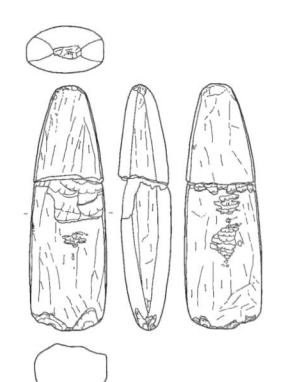

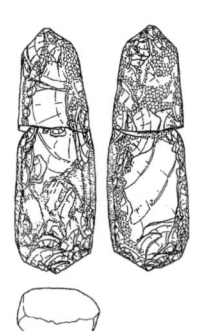

6 北海道ユカンボシ
E4遺跡 縄紋時代
早〜前期 長さ
14.4cm 幅5.1cm 厚
さ3.1cm 灰色片岩
(北海道埋蔵文化財
センター編1992)

7 新潟県元屋敷遺跡 縄紋時
代後〜晩期 長さ17.7cm
幅5.8cm 厚さ3.2cm 輝緑
岩(朝日村教委編2002)

8 北海道静川25遺跡
縄紋時代中期 長
さ12.7cm 幅5.5cm
厚さ3.6cm 緑色泥
岩(苫小牧市教委編
2002)

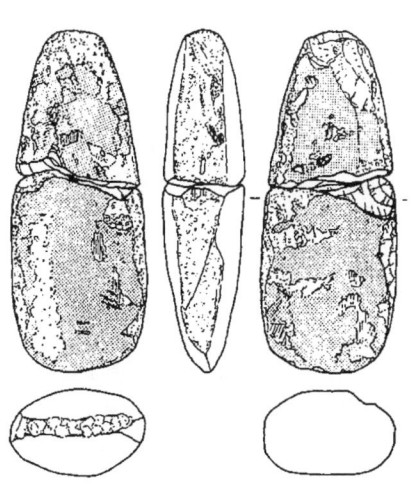

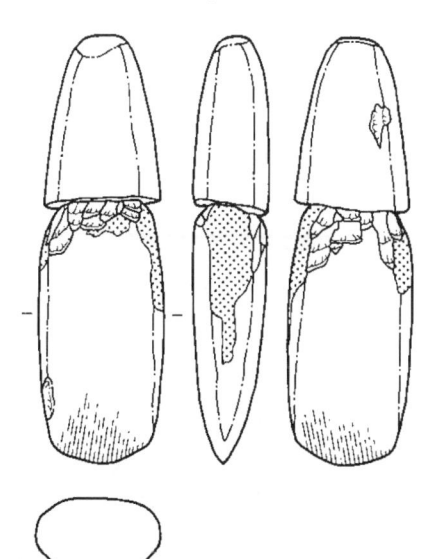

9 東京都多摩ニュータウンNo.72・795・796遺跡
縄紋時代中期(東京都埋蔵文化財センター編
2005)

10青森県上尾駮(2)遺跡 縄紋時代後期 長さ
12.6cm 幅3.8cm 厚さ2.3cm 緑色細粒凝灰岩
(青森県埋蔵文化財調査センター編1988)

が良かったから重宝され，その挙句に折れたのである。そんな伐採斧が折れたとしても刃先に備わった「木に食い込む切れ味の良さ」が失われたわけではないから，使用者たちは折れた刃部側を廃棄せず，今度は刃先の機能を木割り楔として利用しようとしたのである。図4-2に示した諸例のように，折れる前の基部側と接合した磨製石斧の刃部側上端部が叩かれて破壊している例は，北海道から九州まで広範囲にわたって発見される。中には基部側の折損部が破壊されている例もあるが，ここで注目したいのは刃部側の折損部が破壊されている諸例で，それが列島全域に分布していることには或る文化的意味合いがあると見なければならない。その意味を現行の考古学研究法をもって理解することは困難と思われる。しかし，民具や民俗的技術を参照する方法を採ると，全例に共通している刃部側折損部に集中する破壊は，折れた刃部側が木割り楔として転用されたことを裏付ける証拠として理解されるのである。したがって転用されたこれらは，もはや磨製石斧ではなく木割り楔である。

2 発掘された木割り楔の固有形態

前項に挙げたのは折損部と接合することによって，折れた磨製石斧の刃部側

図4-3　上端が破壊された木割り楔

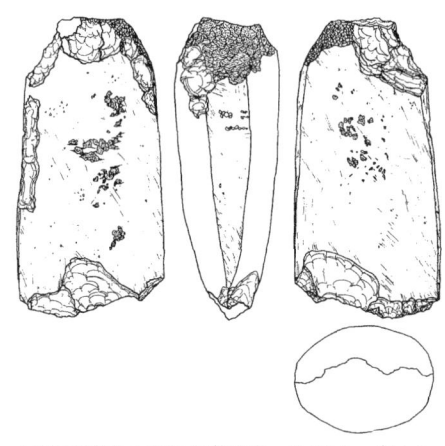
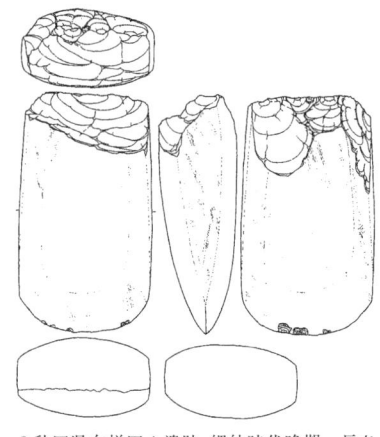

1 宮城県梨野A遺跡　縄紋時代　長さ9.2cm 幅4.6cm 厚さ3.3cm　安山岩(仙台市教委編1983)

2 秋田県向様田A遺跡　縄紋時代晩期　長さ10.9cm 幅6.3cm 厚さ3.5cm　流紋岩(秋田県教委編2004)

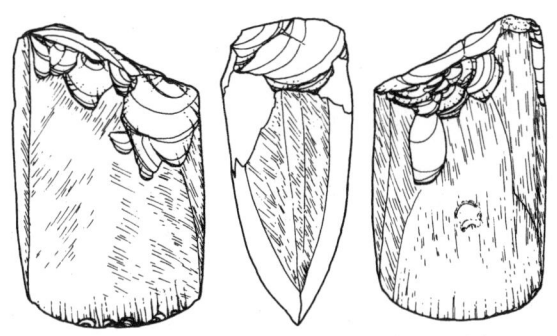

3 石川県三引遺跡　縄紋時代前期　長さ8.8cm　幅5.8cm　厚さ3.9cm
（石川県教委編2004）

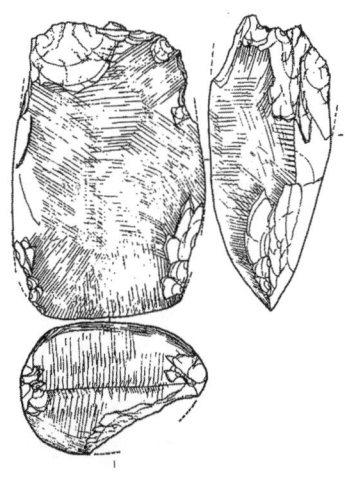

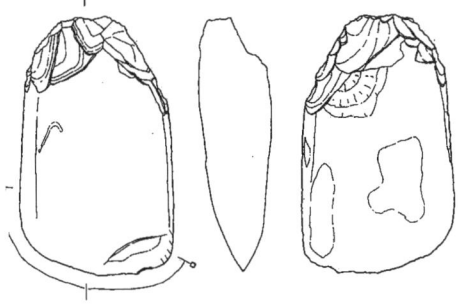

5 大分県陽弓遺跡　縄紋時代後期　重さ350ｇ　蛇紋岩
（国東町教委編1996）

4 京都府市田斉当坊遺跡　弥生時代　長さ
　9.3cm　幅6.3cm　厚さ4.0cm　緑泥片岩
（京都府埋蔵文化財調査研究センター編
2004）

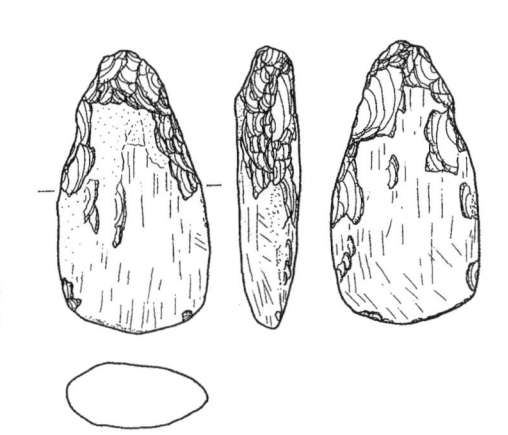

6 徳島県田井遺跡　縄紋時代前〜中期　長さ9.7cm　幅
　5.4cm　厚さ2.3cm　チャート（徳島県教委編2008）

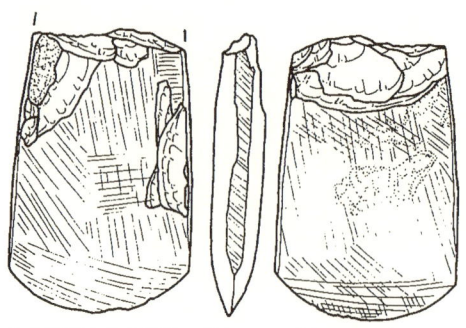

7 北海道上泊3遺跡　長さ6.7cm　幅4.5cm　厚さ1.2cm
緑色片岩(北海道埋蔵文化財センター編1985b)

が木割り楔として転用されたことを物語る諸例であったが，それと比較にならないほど数多く発掘されるのが，折れる前の基部と離別してしまった木割り楔である。それが木割り楔であることを物語る人為的痕跡は3種に大別できる。1種は，前項で見たような複数回の打撃を受けて上端部以下が破壊されている類で，これは甚だ多い。あとの2種は折損部の全体もしくは周縁に細かな調整剝離を施したもの，あるいは潰し加工を施したものである。この3者は明瞭に線引きできるわけでなく，複合的な様相を呈している例が珍しくない。上端が破壊されている例から概観してみる。

（1）上端が破壊された木割り楔

　図4-3に示した例はすべて上端ないし上方が破壊されている。破壊された箇所は磨製石斧の基部であったり中間であったりするし，破壊の程度も真っ二つに折れたものから部分的な欠落までさまざまである。そこに何らの規則性が認められないことは破壊が偶発的であったことを反映している。そこから見て取ることができる特徴を挙げると，

　　・上端部や上方に残された破壊が比較的大きい

　　・破壊の様子から，複数回の打撃を受けたと理解される例が多い

　　・それらの痕跡はおおむね刃部に向けた打撃を受けている

などである。そのような所見は，これらの石器が木割り楔として木口に「ひび」を生じさせる，あるいは側面に及んだ「ひび」をいっそう押し広げるために刃先を要所にあてがい，上端を強い力で叩き込んだことによって生じた使用痕であることを物語っている。民具でいうと石工が石を割るために使う鉄製の矢の頭が潰れる変形に通じる。この類の中には弥生時代に作られた太型蛤刃石斧を転用した例もある。これらは折れた磨製石斧の刃部側を木割り楔に転用した例だが，これらとともに，次のように，あらかじめ調整加工を施した木割り楔も併用された。

（2）上端部に細かな調整剝離を施した木割り楔

　図4-4に示した一群のうち，やや長い個体には，基部が叩かれた際の破壊が徐々に後退したものか，あるいは上端近くで折れた刃部側に人為的破壊が加わったものか判別できないものがある。これに対してかなり短くなっている個体は，折れた刃部側を転用した際に折損部に調整が施されたものではないかと思う。いずれも刃先を要所に当て，上端部を敲いて打ち込む使用法から予想される大破壊を幾分でも予防するために調整した痕跡と見る。太型蛤刃石斧を転用した例は，この類の中にもある。

（3）上端部に潰し加工を施した木割り楔

　注目したいもう1種は，磨製石斧の上端もしくは折れた磨製石斧の刃部側上端に潰し加工を施している例である。

　図4-5に示したような刃部側上端を潰している例が発掘されると，報告書には「敲き石」として記載されるのが普通である。しかし刃を容易に潰すこと

図4-4　上端に細かな調整剝離を施した木割り楔

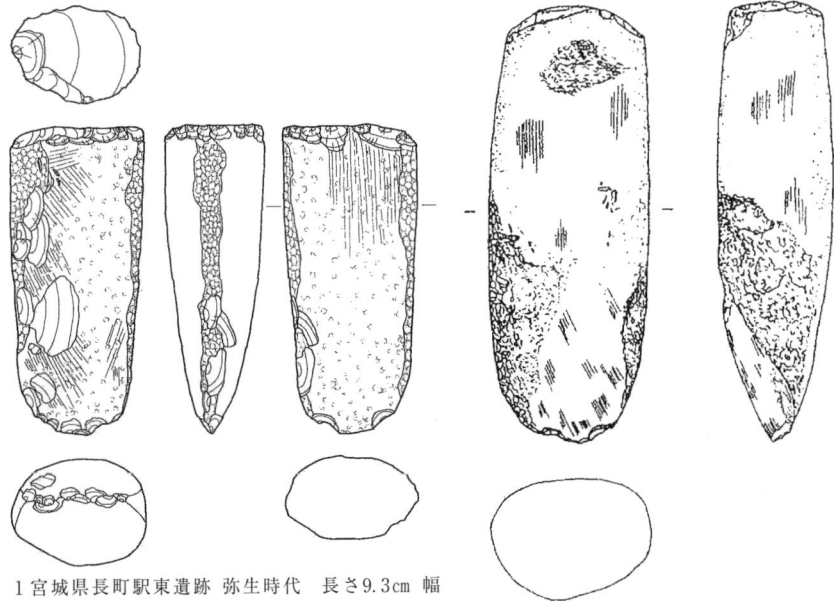

1 宮城県長町駅東遺跡　弥生時代　長さ9.3cm 幅4.4cm 厚さ3.1cm　安山岩(仙台市教委編2008)

2 島根県三部竹崎遺跡　縄紋～弥生時代　長さ14.6cm 幅5.5cm 厚さ4.1cm　片麻岩(湖陵町教委編1994)

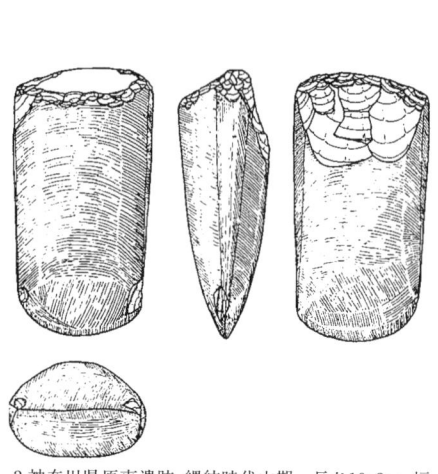
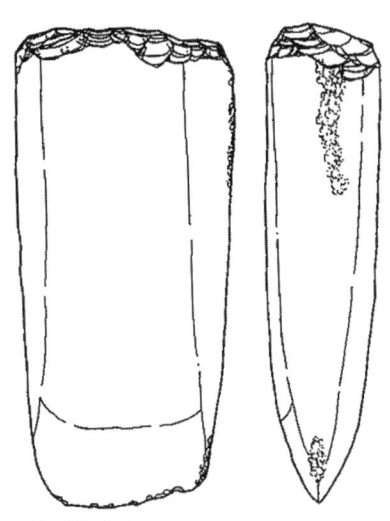

3 神奈川県原東遺跡　縄紋時代中期　長さ10.3cm　幅
　5.6cm　厚さ3.7cm　中粒凝灰岩(かながわ考古学財
　団編2000)

4 長野県棚畑遺跡　縄紋時代中期　長さ14.5cm
　幅6.9cm　御荷鉾緑色岩類(茅野市教委編
　1990)

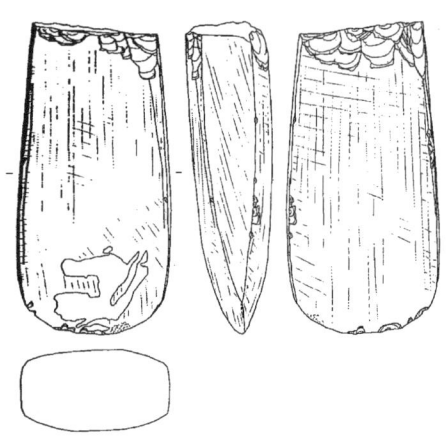
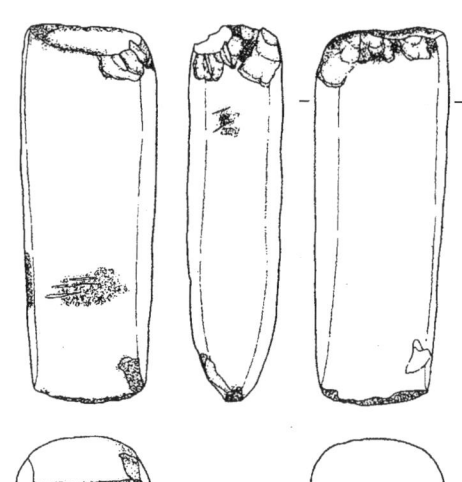

5 新潟県五百川遺跡　縄紋時代　長さ10.6cm　幅5.5cm
　厚さ3.1cm　凝灰岩(三条市教委編2013)

6 香川県鴨部・川田遺跡　弥生時代　長さ11.2cm　幅
　4.2cm　厚さ2.9cm　結晶片岩(香川県教委編2002)

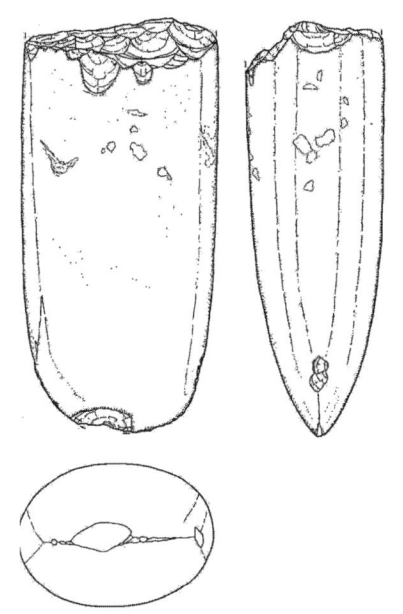

7 福井県茱山崎遺跡 弥生時代　長さ14.7cm
　幅7.3cm 厚さ5.1cm　班晶質安山岩（福井県
　埋蔵文化財調査センター編2000）

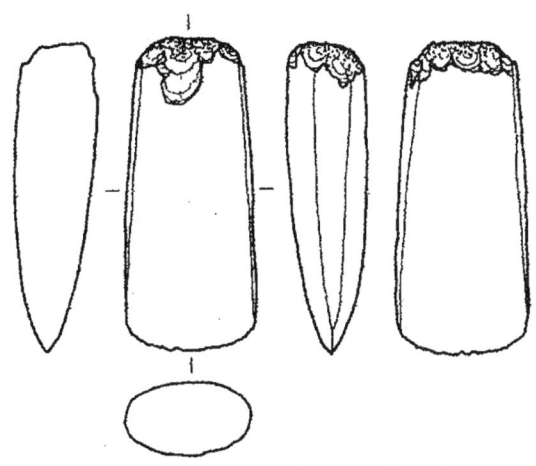

8 岩手県小屋塚遺跡 縄紋時代後期（盛岡市教委編1995）

図4-5 　上端に潰し加工が施された木割り楔

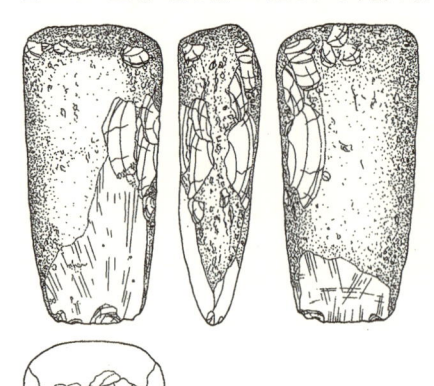
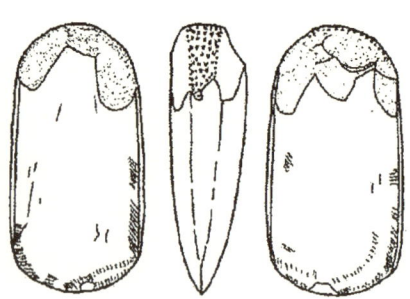

2 山形県西ノ前遺跡　縄紋時代中期か　長さ
　12.2cm 幅6.1cm 厚さ3.6cm（山形県埋蔵文化財
　センター編1994）

1 宮崎県清武上猪ノ原遺跡　縄紋時代草創期　長
　さ10.5cm 幅4.8cm 厚さ2.9cm　砂岩（宮崎市教
　委編2018）

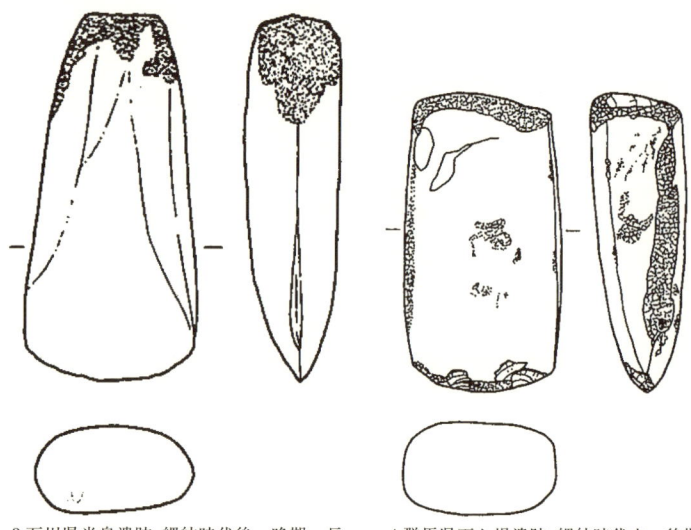

3 石川県米泉遺跡　縄紋時代後〜晩期　長
　さ8.6cm 幅4.5cm 厚さ2.6cm（石川県立
　埋蔵文化財センター編1989）

4 群馬県天ケ堤遺跡　縄紋時代中〜後期　長さ9.5cm 幅5.2cm
　厚さ3.2cm　変玄武岩（群馬県埋蔵文化財調査事業団編
　2008）

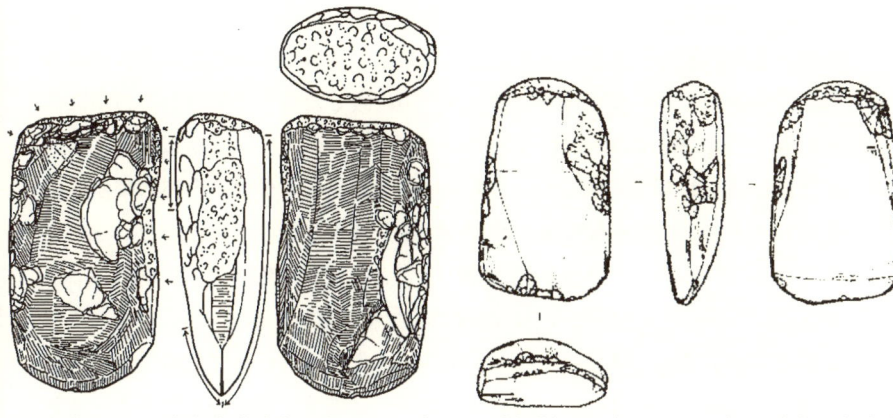

5 北海道キウス5遺跡　縄紋時代　長さ10.1cm　幅
5.3cm　厚さ2.4cm　泥岩（北海道埋蔵文化財センター
編1998）

6 沖縄県与那国島トゥグル浜遺跡　時代不詳　緑色
片岩（沖縄県教育庁文化課編1985）

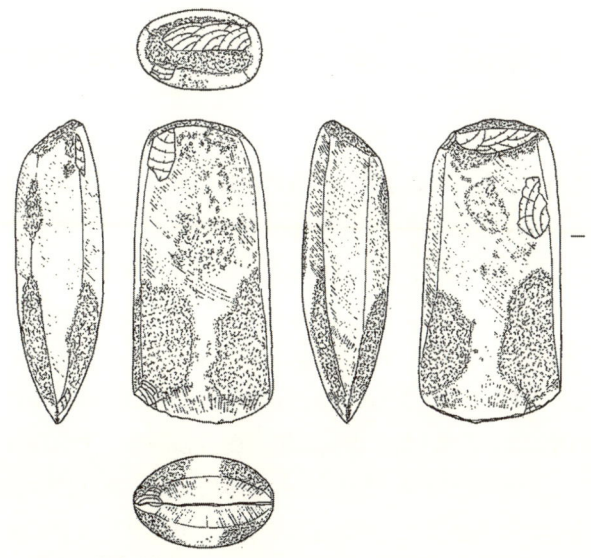

7 神奈川県池子遺跡群　弥生時代　長さ15.2cm　幅7.1cm　厚さ4.5cm
斑レイ岩（かながわ考古学財団編1999）

ができた人々が「敲き石」として使おうとするときに何故に刃を残したのか，その理由を説明した論述は見当たらない。自分は，この石器の「いのち」は刃にあると見る。刃を木割り楔として使うために残したし，予想される折損部の破壊を少しでも予防するために潰したのである。この一群に認められる潰し加工は，折損部をいきなり潰しているのではなく，先に折損部の全体に細かな剝離を施して表面を滑らかに整え，その後で潰し加工を行っている。だから中には潰し加工の陰に細かな剝離が見え隠れしている例がある。

図4-4に挙げた，上端に残された細かな調整剝離例や図4-5に挙げた潰し加工例と共通する加工は，じつは未使用品のような完形の「磨製石斧」の基部にも認められる。それは破壊せぬよう，あるいは破壊を最小限に留めようとした予防的加工かもしれない。自分が見るところ，そのような細かな調整剝離や潰し加工は，しばしば太型蛤刃石斧の基部にも認められる。

第3節　「太型蛤刃石斧」の機能と柄の用法推察

1　太型蛤刃石斧

太型蛤刃石斧というのは弥生時代の遺跡から発掘される，断面が円形に近い太い石斧で，たっぷりと分厚いその身は重量感に富む。名のとおり口を閉じたハマグリのように丸味を帯びた，いかにも頑丈そうな厚みのある刃先を備えたこの石器の用途については伐採斧と見るのが普通で，考古学用語辞典でもそう説明されているし，報告書もそのように記載している。

太型蛤刃石斧が楔として使われることがあったことについて佐原真さんが次のように書いている。「弥生時代の伐採斧（太型蛤刃石斧）の頭には，打撃の痕跡がいちじるしいものがある。（中略）私の印象では，身の長い新品には打撃痕のいちじるしいものはなく，使い込んで短くなり，柄にはめて使えなくなったものの頭や，あるいは頭が折れて刃の方が残ったものの破面に，打撃痕のいちじるしいものが多い。おそらく斧としての廃品を楔に転用したのだろう」（佐原真　1994）。

佐原さんの見解の根底にあったのは，同じ頁に書いている次の考え方だったと思われる。「私の想像では，縄紋時代，あるいは岩宿時代以来，楔は木や骨

角を用いており，石斧の廃品を楔に転用することはあっても，本来，楔として作った石器は存在しないのではないか」（佐原真 1994）。

　太型蛤刃石斧を伐採斧と見る通説に首を傾げる自分が注目するのは，長い太型蛤刃石斧の基部が破壊されている例が珍しくないことである。若干の例を長い順に並べてみる（図4-6）。

　図4-6のような太型蛤刃石斧は図4-8-1・2・3のような柄に挿入されて使われたと理解されているわけだが，もしもこれが伐採斧であるとしたら，図4-6に示した諸例のような基部の破壊がどのような場面で発生するのか説明している論述は見たことがない。これらを伐採斧と見るかぎり，基部に生じた破壊の解釈が難しいのは，じつは通説とは異なる使い方をしたからではない

図4-6　基部が破壊ないし調整された太型蛤刃石斧

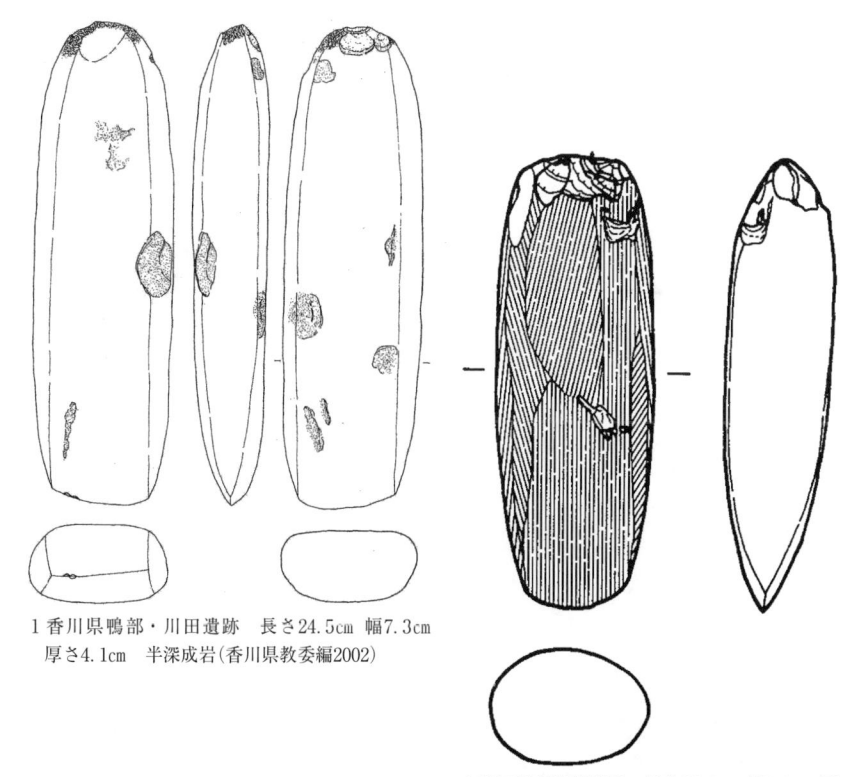

1 香川県鴨部・川田遺跡　長さ24.5cm　幅7.3cm
　厚さ4.1cm　半深成岩（香川県教委編2002）

2 静岡県雌鹿塚遺跡　長さ19.7cm 幅7.2cm 厚
　さ4.9cm　頁岩（沼津市教委編1990）

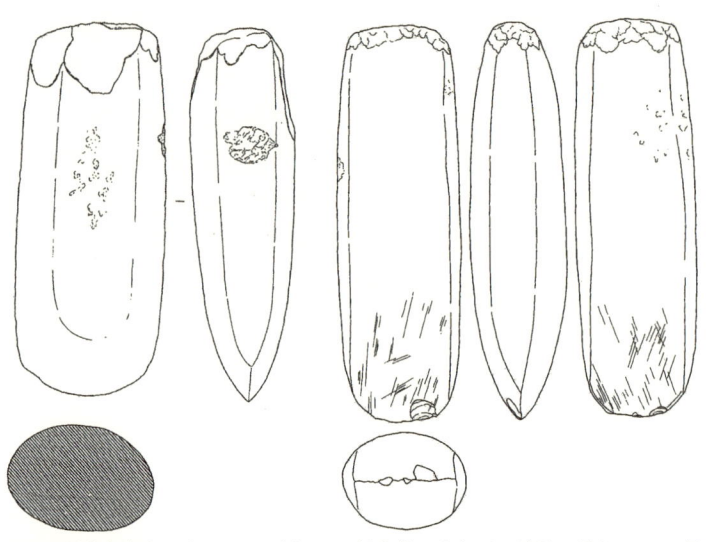

3 岡山県津寺遺跡　長さ19.5cm　幅
8.1cm　厚さ5.9cm　安山岩（岡山県
教委編1996）

4 福島県こまちダム遺跡　長さ17.2cm　幅
5.6cm　厚さ4.4cm　輝石安山岩（福島県教委
編2006）

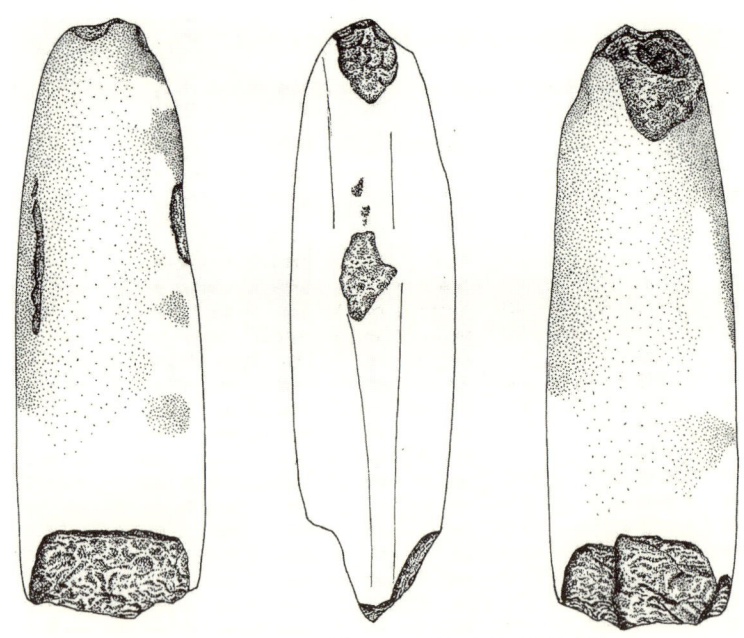

5 福島県宮崎遺跡　長さ17cm　幅5.7cm　厚さ4.8cm　閃緑岩（金山町教委編1977）

かと自分は思う。

　前記の佐原さんの著書よりもかなり早い段階で論文を書いた大村聰子さんは，太型蛤刃石斧に「頭部の損傷が甚だしいものがある」ことに着目して「上部に何らかの圧力が加えられた」ものと指摘している（大村聰子 1966）。自分は大村さんの指摘を評価するものだが，その文章に続けて「太型蛤刃石斧が木材作製の際に「楔」として使用されたと主張されている」と，風聞のように，主張者名を挙げないまま一部の見解を紹介していることに関心がある。もしかしたら，その後，そうした主旨の発表をしている人がいるのかも知れないが自分は知らないので，以下では自分の考えたことを著述する。考古学界で未解明の領域に接近を図るため，着目したいのは薪にする材を割る民俗的技術である。

2　手持ちで使う木割り楔

　自分は前掲拙著（第四章）で木割り技術について述べ，縄紋時代早期の神奈川県夏島貝塚から出土した2点の「磨製石斧」の観察に基づいて「楔として製作され，使われたものがあった」ことを明らかにした。磨製石斧と言えば必ず柄が着けられると理解するのが通説だが，じつは手持ちのまま使う木割り楔として製作された石器があったと考えるのは，前記の佐原さんとは異なる見解である。自分が，そう考える契機になったのは図4−7−1・2のようにして，木割り作業の最初の段階で「ひび」を入れるための楔を手持ちで使う民俗事例を知ったことであった。

　自分は図4−7−1の作業に触発され，川原石で複数の疑似磨製石斧を作ってみた。それで実際に木が割れるかどうか試したのが同図3である。クリの木を提供してくれた湯澤さんも実験に参加してくださり，自分共々，疑似磨製石斧を木口に打ち込むと木が割れることを体験していただいた。この実験を通して，自分は鉄斧がない時代の人々は「磨製石斧」を木口に打ち込むことで「ひび」を生じさせたに違いないと確信したのである。

　冬支度のために割る薪のように立てて割る長さの木は柄を着けた鉞を振り下ろして割るのが普通である。しかし立てられないような長い木は，本章の初めに取り上げた栗山木工で見た木割り方法（図4−1）を含め，図4−7−1・2

図4-7　民俗事例に見る木割り楔，および疑似磨製石斧による木割り実験

1 岩手県宮古市川内にて(佐々木冨治さん，大正12年生まれ，平成21年10月14日撮影)　　2 同市小国にて(湯澤武さん，昭和8年生まれ，平成22年11月28日撮影)

のように手持ちの楔ないしは刃物を当てて木口に叩き込んで割り始めるのが普通の方法であったと理解される。民俗事例を見る限り木口に「ひび」さえ入ればよいので，そのための工具に長い柄が着いていなくても差し支えないことがわかるのである。それは伐採斧による丸みを帯びた切り痕が残る木口に打ち込む先史時代の木割り方法も同じであったに違いない。

　そのように推察した場合，弥生時代人の木割り手順は民俗事例と同様だったのではないか。そう推察すると図4-6に図示したような長い太型蛤刃石斧の基部に破壊が認められるのは，手持ちの木割り楔として刃先を対象に当てて，基部を叩いて使ったから壊れたのではなかろうか。すなわち太型蛤刃石斧は通説とは異なり，伐採斧ではなく木割り楔として製作されたものである可能性が高いというのが自分の理解である。ではその場合，太型蛤刃石斧用の柄はどのように使われたのであろうか。

3 太型蛤刃石斧の柄と用法

前項で述べたように太型蛤刃石斧は木割り楔であるというのが自分の推察だが，そう推察した場合に興味深いのが，この石器を装着した柄の構造である。よく知られているように太型蛤刃石斧の柄の先端側には石斧の装着孔が設けられており，その孔に太型蛤刃石斧の基部が挿入されて使われた（図4-8-1②）。太型蛤刃石斧が基部の方から装着孔に挿入されたとき，石斧の基部は孔の逆側から露出する。露出するのは，これを木割り楔として使う場合に好都合だった，というのが自分の見方である。

弥生時代人がこれで木を割ろうとして振り上げ，木口に

3 疑似磨製石斧で割る実験（平成22年11月28日撮影）　同市小国にて

打ち込むことがあったであろう。そのとき一撃で素直に割れる太さの木ならよいが，太い原木なら木口を横切るような長い「ひび」を入れる必要がある。そのためには木口を横切る一直線上の複数箇所に打ち込んで「ひび」の伸長を図りつつ，「ひび」の幅を広げるために，打ち込んだ木割り楔をいっそう深く打ち込む必要がある。そんなとき作業者が［横槌］を振り上げ，太型蛤刃石斧の基部を目がけて渾身の力で振り下ろしたから，露出している木割り楔の基部が壊れることがあった。それでも足りず，さらに深くまで打ち込もうとしたとき，

図 4-8　貫通孔を開けた太型蛤刃石斧の柄

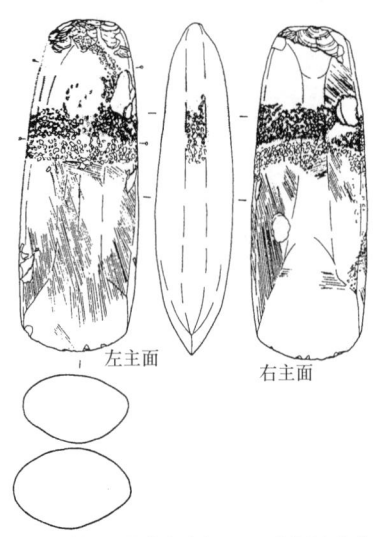

左主面　　　　　右主面

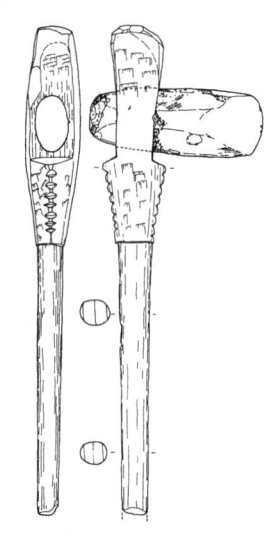

1 大分県下郡桑苗遺跡出土の石斧と柄　弥生
　時代（大分県教委編1992）　①太型蛤刃石
　斧　長さ19.7cm 幅7.3cm 厚さ4.9cm

同　②装着状態で発掘された
　石斧柄　長さ52.9cm 幅6.2cm
　厚さ7.2cm　アカガシ亜属

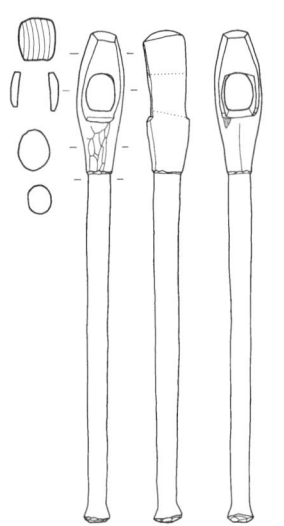

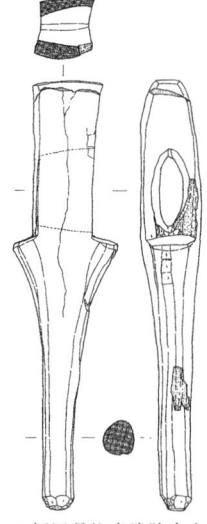

2 宮城県中在家南遺跡出土の石
　斧柄　弥生時代　長さ72.5cm
　（仙台市教委編1996）

3 福岡県比恵遺跡出土
　の石斧柄　弥生時代
　握り部28cm（福岡市教
　委編1991）

柄の存在が打撃を躊躇させるような場合には
持ち手の端を上に起こすだけで，柄は，木に
食い込んだ太型蛤刃石斧を残したまま容易に
抜けるに違いない。要するに，この柄が貫通
孔に太型蛤刃石斧の基部を挿入する構造であ
るのは，露出した基部を叩くためであると同
時に，木に食い込んだ太型蛤刃石斧を残した
まま柄を抜き取りやすくしたという，木割り
楔としての使い勝手を考えた構造だったとい
うのが自分の推察である。そのような使い勝
手に対応すべく，やや短い柄もあったのであ
ろう（図4-8-3）。

図4-9　古墳時代の大型木製品

栃木県七廻り鏡塚古墳出土舟形木棺　全
長さ5.5m　幅1.08m　厚さ48cm　栃木
市立おおひら歴史民俗資料館所蔵(大
和久1974)

　なお，このような構造の柄はすでに縄紋時
代後期の遺跡（福岡県正福寺遺跡）からも発
掘されている。ついでに言うと木割り楔を打
ち込むのに好適と思われる［横槌］の出土例は珍しくない。

　福岡県拾六町ツイジ遺跡（福岡市教育委員会編 1983），島根県西川津遺跡（島
根県教育委員会編 1982），長崎県里田原遺跡（田平町教育委員会編 1988）では縦
斧用の柄と太型蛤刃石斧用の柄が一緒に発掘されている。通説に従うなら両方
とも伐採斧ということになろうが，上に述べた自分の推察では，それらは伐採
斧と木割り楔が共存した例と思われる。

　木割り楔である太型蛤刃石斧は古墳時代の鉄製木割り楔に受け継がれる。古
墳から発掘される図4-9のような大型木棺の素材は大木を割って得られたが，
それを割ることができたのはどんな工具か。それは古墳時代の「有袋鉄斧」の
うち，目的箇所を目がけて振り下ろして使う縦斧でも横斧でもなく，袋部に真
っ直ぐな柄を挿入して使う，手持ちで使う木割り楔である。それが民具の「袋
矢」に連続して行くことは前掲拙著（96～102頁）で述べた。

　ひるがえって縄紋時代の木割り楔はどこまで遡るのか一考してみたい。その
辺りを推察するうえで指標となるのは，縄紋時代の折れた磨製石斧の転用品を
含む木割り楔から読み取ることができる固有形態である。具体的に言うと上端

部に残された，刃部方向に向けて打たれたことをうかがわせる剝離の類と，「ひび」を押し広げながら進入したことによって生じた摩耗である。

第4節　縄紋時代草創期および移行期の木割り楔

　前掲拙著の終章に草創期の磨製石斧を図示したとき，このような小型の磨製石斧に柄を着けた場合，果たしてどのような作業が可能であるか推測することが難しかった。それで思ったのは，これらは手持ちで使う木割り楔ではないかという着想である。そういう使い方があったと想定した場合，草創期以前の石器にも該当例を見出すことができるようである。

　図4-10-1の鳥浜貝塚から出土した「局部磨製石斧」は「爪型文・押圧文土器を包含する層」から出土したものだが，自分は次の2か所に注目したい。まず，礫面を残している基端部に刃部方向に向けて打たれたことを示す小さな剝離があることである。これは縄紋時代早期以降の木割り楔に見られる，調整剝離と同じ意味をもった加工と見る。もう1か所は「基端付近の稜線上にまで

図4-10　縄紋時代草創期および移行期の木割り楔

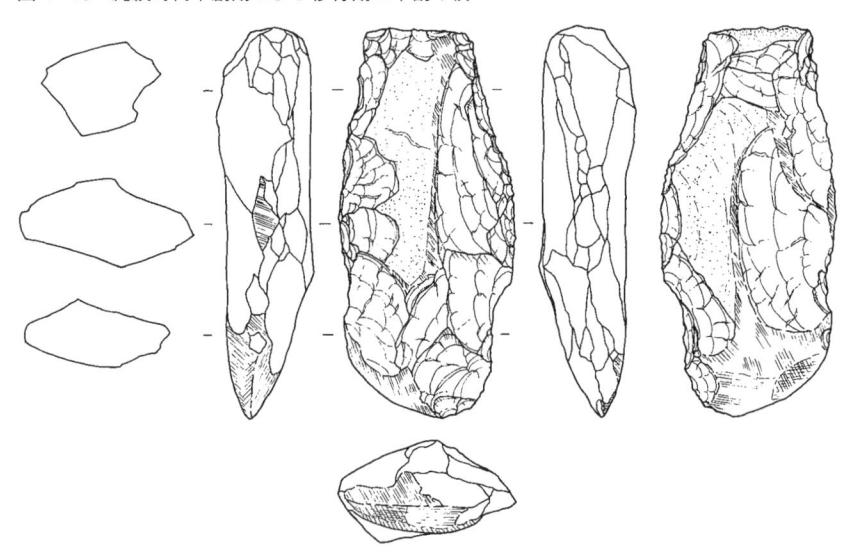

1 福井県鳥浜貝塚　長さ8.8cm 幅4.1cm 厚さ2.1cm　頁岩？（田中祐二 2002）

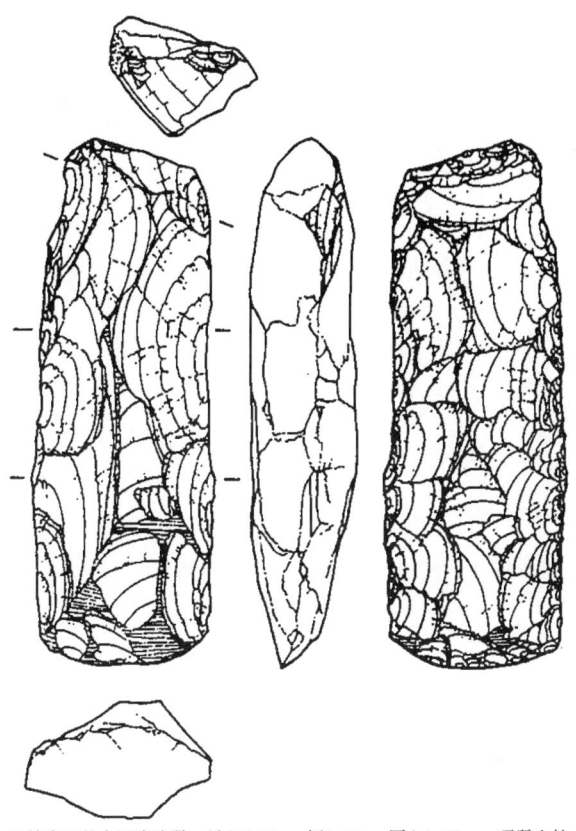

2 神奈川県吉岡遺跡群　長さ8.06cm 幅2.97cm 厚さ1.88cm　硬質中粒
凝灰岩(かながわ考古学財団編1998)

及ぶ」という「研磨」である（田中祐二 2002）。もしも柄を着けて使われた石
斧なら柄があったと推察される部分に摩耗が残ることはあり得ると思うが，こ
の石器の稜上に摩耗が認められる範囲は目測で全体の5分の4を超えていると
ころから，柄によって生じた摩耗とは考え難い。これらのことから，この石器
は柄を着けないまま手持ちで使われた木割り楔ではないかと推察される。

　図4-10-2の神奈川県吉岡遺跡群から出土した石器の実測図のうち右側図
上端には刃先方向に向けた複数回の細かな打撃が加えられている。これは縄紋
時代の木割り楔のうち，折れた磨製石斧の刃部側を転用する場合の調整剝離に
通じる使用痕と見る。そのことと併せて注目したいのは表裏両面中心軸上の高

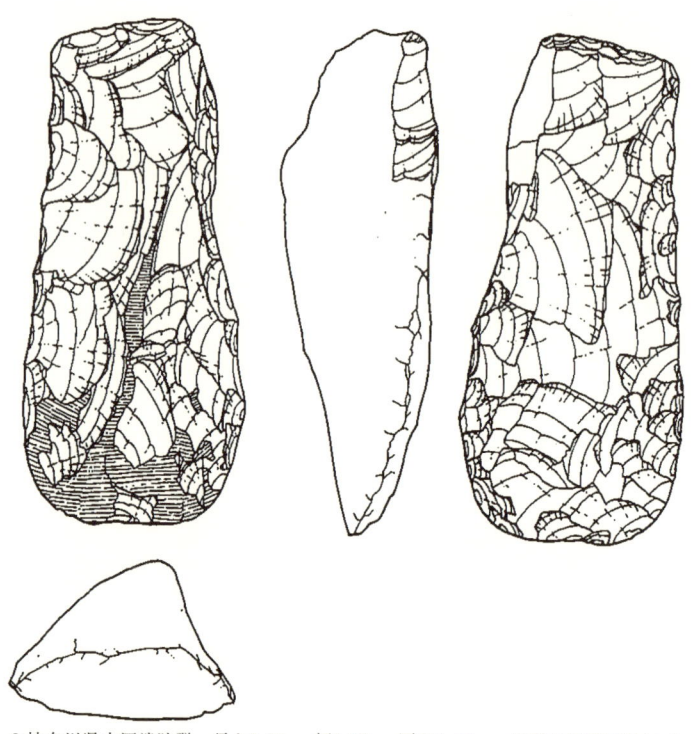

3 神奈川県吉岡遺跡群　長さ8.28cm 幅3.79cm 厚さ1.57cm　硬質中粒凝灰岩（かな
がわ考古学財団編1998）

い部分に残っている摩耗の範囲である。その摩耗は両側から中心軸に向けて打
たれて形成された大きな剥離どうしの境界に形成された稜上に弱い光沢を伴っ
て認められる。前記の鳥浜貝塚例でも触れたとおり，一般的には石斧に柄を着
けて使用した場合，石斧表面の高い部分が柄に当たって摩耗することがあるだ
ろう。その場合に生じた摩耗の範囲は柄の太さを連想させるものになると思わ
れるが，この石器の表裏に残る摩耗は目測で全体の5分の4を超えている。そ
の面積が広いことは柄によって生じた摩耗とは考え難いから，手持ちで使われ，
木割り楔として「ひび」を生じさせるとか，「ひび」の中に叩き込むという使
い方をしたことによって生じた摩耗ではないかと推察される。この石器と同じ
遺跡から発掘された図4-10-3とともに，その外見から，いわゆる「神子柴
型石斧」（安斎正人 2017）の折れた刃部側を転用した木割り楔はではないかと
思われる。

第5節　後期旧石器時代の木割り楔推察

　縄紋時代が始まるまで，この列島に住んだ人々はまだ定住生活をしておらず，獲物を追って移動生活をしていた。彼らは生活のためにさまざまな石器を作ったが，その中には狩猟に使う槍の穂先にでもしたかと想像される剥片尖頭器のような尖った石器もある。槍は獲物をねらって投げつける場合もあったかも知れないが突くこともあったであろう。問題は突いた場合の強さで，例えば仮に太さが4cm前後の槍の柄が必要であったとしても，昔のマタギなら太さが4cmの立ち木を伐って柄にするようなことは決してしなかった。獲物を突いた場合に折れたり曲がったりしたら命取りになるからである。そんな事態に陥らないためには，まず適材を選び，必要寸法の数倍もある太い木を割って，芯を外した割り材を取り出してから成形しなければならなかったはずである。つまり後期旧石器時代人たちは木を割るための，さらにはそうして得た割り材を成形するための道具を必要とした。それを可能にしたのは石器であったに違いない。そう考えると彼らが使った木割り楔や，柄を調整する石器（ノッチ）はすでに発掘されている可能性がある。今のところ次のような石器に目を向けておきたい。

　図4-11-1～3例は梅ノ木沢遺跡エリアBのBBⅦ上面～BBⅤ層を中心に出土した8点の「斧形石器」の一部である。そのうち1は断面図に表れているように上端に比べて下端が薄く，基部と刃部の見分けは容易である。最も目立つのが基部の右隅から刃部方向に向けて形成された稜で，それは下端から約2.5cmのところで2つに分かれ，一方は刃部左端に，一方はいったん刃部右端へ向かってからカーブして側縁下部へと抜けている。この稜に注目する理由は，この石器の製作（研磨）や使用方法（摩耗）に関する情報を見て取ることができるからである。まず実測図に描かれた表裏両面のうち左側の図（以下，左図と記す）の下端をルーペで観察すると，下端から約5cmまでの稜上には基部と刃先を連絡する縦方向に砥石で研がれたことをうかがわせる無数の傷が走っているのを認めることができる。その傷は刃部右隅の，稜の下方の傾斜部分にも顕著に残されて刃先に至っている。なお，その裏側（右図下端）を見ると研い

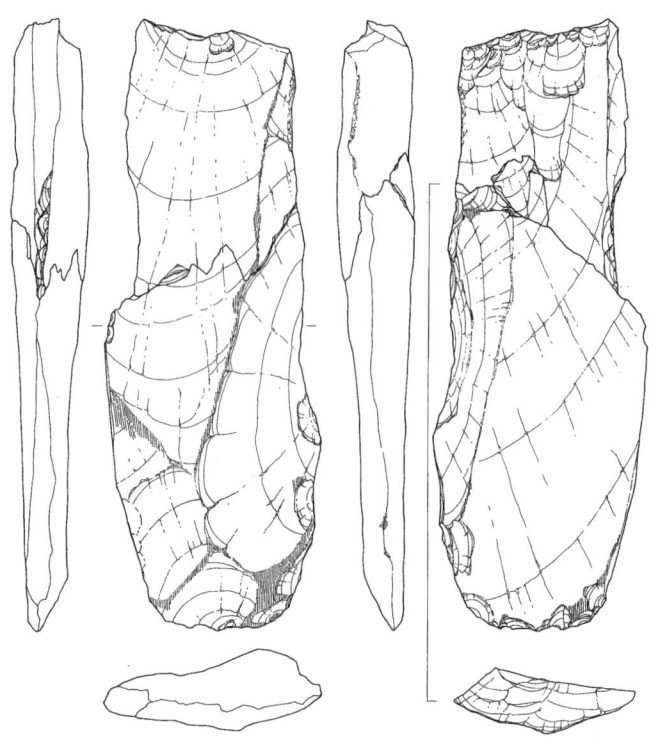

図4-11　後期旧石器時代の木割り楔

1 静岡県梅ノ木沢遺跡　長さ17.5cm 幅6.4cm 厚さ2.4cm　緑色凝灰岩（静岡県
埋蔵文化財調査研究所編2009）

だ痕跡は全く認められないから，刃先は片刃として研ぎ出されたものである。

　左図の稜で目を引くのは，砥石による傷を伴った研磨の痕跡が認められ始め
た，下端から約5cmの位置よりも基部側，すなわち上方に向かっている稜の方
に，顕著な稜上光沢が認められることで，とくに基部右隅から5cmほど下がっ
た厚い部分の稜上光沢は強い。稜上光沢が認められる部分を同じルーペで注視
しても砥石による傷は一切認められないから，その稜上は強い光沢を発するほ
どに滑らかに摩耗していると判断される。左図下半部の左側縁に縦線表記があ
るが，この部分の平面上にも光沢域があり，そこには砥石による研磨痕は認め
られないから，やはり摩耗と判断される。定規を横に当ててみると中心軸の稜
と同レベルであり，厚い部分が摩耗したことを裏付けている。

実測図として描かれた表裏両面のうち右側の方（以下，右図と記す）にも稜上光沢が認められる。すなわち折損部から左斜め下方に向かって側縁に抜ける稜と，この稜から右斜め下方に下がる平坦な割れ目に生じている緩い盛り上がり部分にも弱い光沢域が広く展開している。そのような光沢は刃先の，刃こぼれと思われる小剝離の縁にも認められる。この面に認められる稜上光沢あるいは平坦面上の，あるいは刃先の光沢部には砥石による傷を含んだ研磨痕は認められない。また右図の基部に認められる小剝離には何らかの道具で叩かれたことをうかがわせる「潰れ」が認められる。以上の所見を総合すると，この石器は木割り楔であると判断される。

　図4－11－2の表裏にも細かな横線表記をした長短の光沢を伴う稜が図示されているが，稜上をルーペで子細に観察しても1の例にあったような砥石による傷を伴う研磨痕は認められないから，光沢の原因は稜上が対象物と強く擦れ

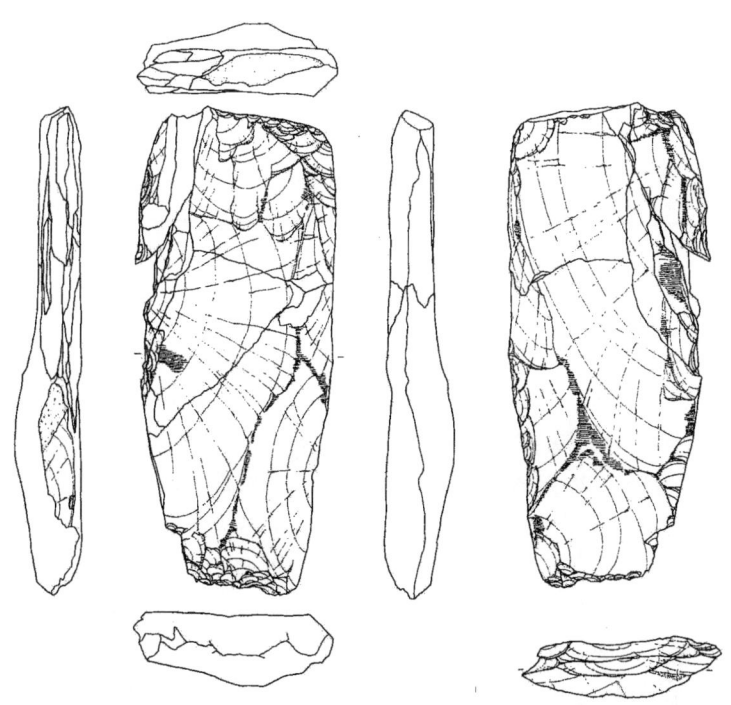

2 静岡県梅ノ木沢遺跡　長さ19.7cm 幅8.4cm 厚さ2.7cm　緑色凝灰岩(静岡県埋蔵文化財調査研究所編2009)

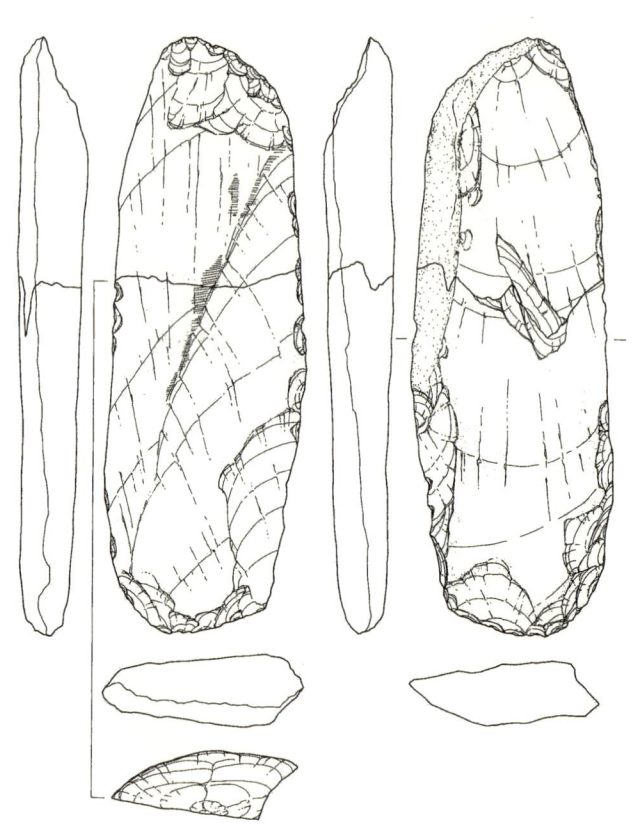

3 静岡県梅ノ木沢遺跡　長さ15.8cm 幅5.4cm 厚さ1.8cm　緑色凝灰岩(静岡県埋蔵文化財調査研究所編2009)

たことによる摩耗である。左図中央部側縁に近い部分では平面上にも光沢域が認められるが，定規を当ててみると，直近の稜と同一レベルであるところから，やはり高い部分が対象物と強く擦れていることを物語っている。なお左図上端に施された小剥離の一部には「潰れ」が認められる。

　左図の基部右隅付近から下端部中央辺りまで明瞭な稜が形成されているが中ほどのやや上で，約2cmにわって稜が消えている。これは石器表面の欠落による空白であり，本来は稜が連続していたことが確実視される。ということは，稜を途切れさせる要因，例えば柄のようなものは着けられていなかったことを裏付けている。以上を総合すると，この石器は木割り楔であると判断される。

図4-11-3の表裏にも光沢を伴う稜が上下に，あるいは斜めに走っているが，稜上をルーペで精査しても1の例にあったような砥石による傷を伴う研磨痕は認められないから，光沢は対象物と強く擦れたことを示唆する摩耗である。しかも稜上光沢は上端から下端まで一様であり，光沢が途中で途切れたり薄くなったりしている部分はない。それは柄のようなものが着けられなかったことを物語っている。さらに特徴的なのは，稜の脇の平坦面にも光沢が認められることである。すなわち左図では右上から左下に向けて斜めに走っている稜の左側縁までの平坦面に，右図では左側縁に沿って上端から下端に抜ける稜の右側縁までの平坦面に，摩耗による光沢が認められる。上端に施された剝離と平坦面との境界は滑らかに摩耗しており，木割り楔の刃先であったかと思わせる。ところが下端の小剝離と平坦面との境界もまた滑らかに摩耗しているから，こちら側が先端であったかとも思わせる。これらを総合すると，この石器は上下いずれの端も先端として使われることがあった木割り楔と判断される。

　図4-11-4の仲町遺跡例は同遺跡ＪＳ地点の，主としてＶａ，Ｖｂ層から出土した，少破片を含む16点の「斧形石器」のうちの1点である。報告書によると「自然礫の形状をそのまま利用している。研磨により鋭い刃部が形成されているが，研磨による線状痕は明瞭でない」という。この石器の機能を推察するうえで自分が注視するのは基部である。そこにはまず潰し加工もしくは敲打痕が認められ，その上に重なる形で叩かれたことを意味する剝離が明瞭である。そのような所見は縄紋時代以降の木割り楔から類推すると，基部を叩いて使うことを前提として，破壊の予防を意図した加工，もしくは叩いて生じた剝離であると類推できる。次いで注目したいのは半ばより上部で折れた切断面に，刃部側に向かって叩かれたことを物語る小さな剝離が残っていることである。これが使用痕であるか，破壊を予防する調整であるか判断に迷うが，図4-2・3に例示した縄紋時代以降の折れた磨製石斧の刃部側を転用した木割り楔と共通する部分があると見ておきたい。

　この仲町遺跡例の表皮には黒色粒状の不定形な細礫が斑点のように散在しているが，その細礫は地の灰褐色ないし薄茶褐色部分よりも軟質らしくわずかに窪んでいる。ところがその窪みは図上縦線で表現された表裏の刃部には見られない。その理由は黒色斑点部と地の部分とが平坦化されているためであり，刃

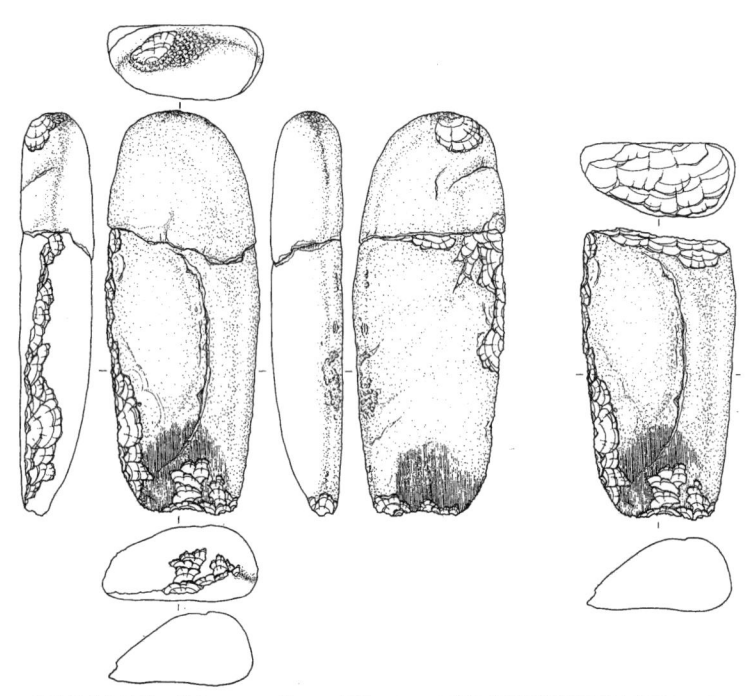

4 長野県仲町遺跡　長さ17.6cm　幅7cm　厚さ3.2cm　石質不明(長野県埋蔵文化財センター編2004)

部では，その研ぎ出し，ないし摩耗のために消失したものと理解される。この黒色斑点部と地の部分との平坦化が摩耗の有無を識別し得る指標となることを利用すると，体部の局部的摩耗が注意を引く。すなわち一面（左図）の折損部下方，中心軸よりやや右側に緩く湾曲した稜上に弱い光沢を伴う摩耗が認められる。この石器の最厚部が強く摩耗していると見るのが妥当である。裏面側（右図）は折れる前から一面に摩耗ないし研磨されているように見受けられるが，その外観は一様であり局部的な使用痕等は認められないところから，そこに柄のようなものが装着されていたとは考えられない。今述べた観察点は縄紋時代以降の木割り楔に備わった諸特徴と共通する部分が認められるところから，この「斧形石器」の正体は対象物に刃先をあてがい，基部を叩いて割るために使われた手持ちの木割り楔ではないかと推察する。

　図4-11-5は武蔵台遺跡のＸｂ文化層から発掘された礫石器のうち，「両

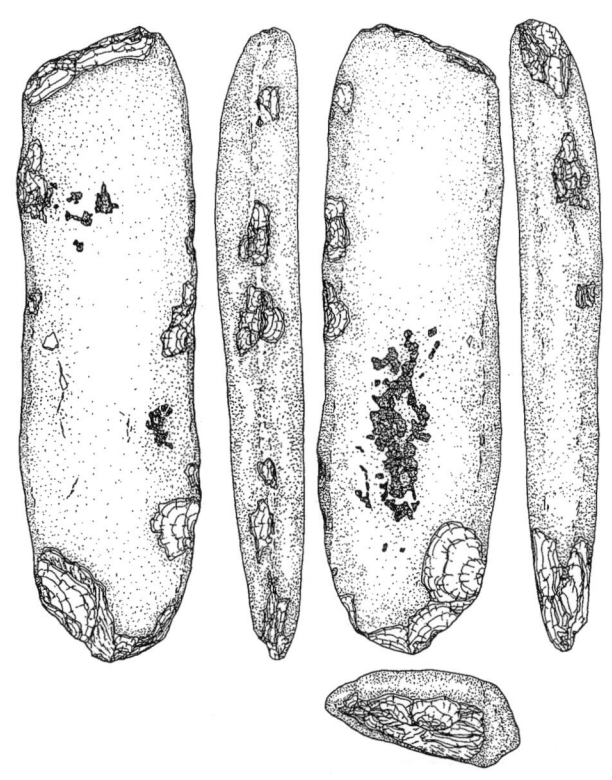

5　東京都武蔵台遺跡　長さ21.2cm 幅6.5cm 厚さ2.9cm　砂岩（都立府中病院内遺跡調査団編1984）

　「刃礫器」とされた２点のうちの一方である。報告書によると「扁平な板状の細長い礫を素材として，先端部を表裏から剝離して刃部を作り出している」という。精査の願いが叶わなかったので実測図からの観察だが，長くて薄めなこの石器の最厚部は上半にあって，下端に向かうにつれて薄くなり，先端付近には剝離が集中している。このことからこの石器に託された機能は下端にあったと推測する。自分が注目するのは基部で，そこには上から下端に向けて打たれたことを示す細かな剝離が残されている。それは縄紋時代例の上端が破壊された木割りに通じるものだが，表面に摩耗が認められるかどうか観察できなかったので保留である。報告書が説明するように敲き石や砥石にも使われたのかもしれないが，主たる機能は縄紋時代以降の木割り楔のように何らかの対象物にあ

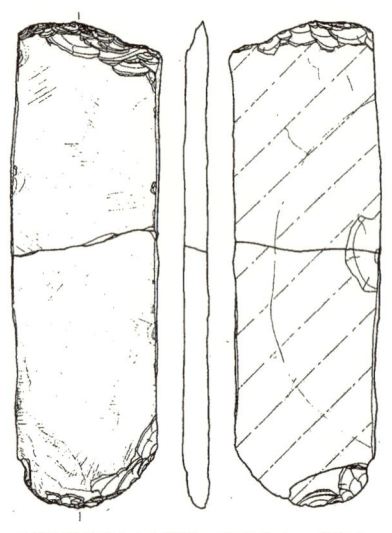

6 鹿児島県宮ノ上遺跡　長さ27.1cm　幅8.5cm
　厚さ1.5cm　重さ650ｇ　凝灰岩(鹿児島県立
　埋蔵文化財センター編2010)

てがい，基部を叩いて用いた旧石器時代の木割り楔であると理解したい。

　図4‐11‐6の宮ノ上遺跡例は4基の礫群が検出された第Ⅳ文化層の斧型石器集積遺構から発掘された2点のうちの一方である。報告書によると凝灰岩の「扁平な板状礫を素材と」しており「先端にはわずかながら研磨痕が認められる。斧形石器の可能性がある」と記載されている。自分が注目するのは研磨痕が認められる先端とは逆側端部の加工で，表裏に及んでいるその細かさは縄紋時代の木割り楔，あるいは図4‐11‐5の武蔵台遺跡例の基部の加工に共通している。縄紋時代の木割り楔を指標とすると，この石器の端部の加工は木割り楔として刃先を対象に当てて，基端部を叩いて使うために施した，あるいは叩いたことによって生じた小剝離ではないかと思われる。先端にわずかに認められる研磨痕が砥石で研がれたものであるか，摩耗であるか興味深い。なお，この石器の器面に摩耗が認められないのは際立った稜が存在しないためであろう。

　上に見たような旧石器時代の「斧形石器」で，刃部から基部までの大半の稜上に摩耗が認められるもの，あるいは基端部を叩いているもの，あるいはその双方が複合しているものは，柄を着けず，手持ちで使われた木割り楔と見た方が適切な場合があるように思われる。ただ梅ノ木沢遺跡例の1点（図4‐11‐1）の場合，刃部が局部的に研磨されて片刃に作られており，しかも基部付近には柄を着けた形跡も認められるので最古級の木工具である可能性が高い。局部磨製石斧と見られている石器の中に，木工具として，また木割り楔として両用に使われた石器が存在している可能性がある。

〈木割り楔の未知の使用方法〉

　草創期の木割り楔と推察した福井県鳥浜貝塚例（図4‐10‐1）を報告した田

中祐二さんによると，この石器の「側面も部分的に磨かれている」という。また旧石器時代の木割り楔と推察した東京都武蔵台遺跡例（図4-11-5）は，報告によると「両側縁の稜上は光色を発するほど研いだような状態になっており，砥石の要素も含まれていたと思われる」ということである。石器の側面に残された，このような痕跡がどのような使い方を反映したものか気になっていたので梅ノ木沢遺跡例を熟覧した際には側面にも気を付けた。

ルーペで観察したところ，図4-11に挙げた石器のうち，1・3および，ここには挙げなかった一例（報告書第39図59）の側面にも光沢が見出された。梅ノ木沢遺跡例の3例はいずれも砥石による研磨痕ではなく，対象物と強く擦れてできたと思われる摩耗であった。鳥浜貝塚例，武蔵台遺跡例が研磨痕であるか摩耗痕であるか，識別の結果を期待しなければならないが，木割り楔には未知の使用方法があったのかも知れない。

ま　と　め

・折れた磨製石斧の刃部側上端部に残された人為的破壊，調整剝離，潰し加工等は，木割り楔に固有の形態として指標になり得る。
・これまで伐採斧と考えられてきた弥生時代の太型蛤刃石斧は木割り楔である。
・縄紋時代以降の木割り楔を指標として遡及的に探索すると，類例は旧石器時代の石器にも認められるから，木割り楔は旧石器時代から縄紋時代へと連続していると思われる。

第5章　縄紋人の履物を推理する

は じ め に

　縄紋時代人の履物は欠けらも発掘されていないから考古学の研究対象にはならないと見るのが普通である。しかし民具を基に推察する方法があり得ると考える自分が注目するのは［ぞうり］や［わらじ］の底である。それらの形成技術と，縄紋時代前期山形県押出遺跡出土の「ねこ編み」製品（破片）の形成技術が近縁であることに関連性を見出すと，縄紋時代人の履物の底は民具と同様に製作されていた可能性が高い。

第1節　民具の履物

　冬季に雪が降る地方があるこの列島で，狩猟，採集，漁労の生活をしていた縄紋時代人が裸足で暮らしていたとは思えないが，当時の履物は欠けらも発見されていない。考古学とは発掘された遺物や遺構について研究する学問だから，遺物が発掘されていない縄紋人の履物は研究対象にはなり得ない，というのが当たり前の判断だろう。しかし自分は例え出土遺物が見つかっていない領域でも，民具の分析的観察に基づいて推察する研究方法があり得るのではないかと考えているわけだが，そんな方法をもって，遺物が全く発見されていない縄紋人の履物への接近を試みたい。

　多くの民具の来歴から類推すると，大量生産された機械工業製品が出回るまで，履物を自作するために使われたのは自然素材であった。それぞれの時代の人々は，それぞれの生活環境の中から適材を選び，履物として機能するために必要な形態を工夫し，その造形のために有効な各種の技術を駆使してきたと思われる。民具の履物を，そのように，素材の選択，形態，製作技術といった諸要素の複合体として理解すると，今のところ欠けらも発掘されていない縄紋人の履物もまた複数の要素を複合して成立したものであったと推察できる。それ

が遺物として発見されないのは土中で腐朽してしまったからであろうと見当を
つけると，縄紋時代人の履物を推理するうえで有効な手がかりは，やはり土中
で腐朽，消滅してしまう有機質素材で製作される民具に求められるのではない
か。

1　動物性素材の履物

北海道やサハリンで採集された民族資料を収蔵する博物館等の資料を見ると
サケ皮製の［くつ］があり，北海道や本州には狩猟者であるアイヌ民族やマタ
ギが使った毛皮製の［くつ］がある。

（1）サケ皮で作った［くつ］

図5-1-1はサケ皮を縫って製作した［くつ］に，布で筒状に作ったものを
縫い付けた履物である。サケ皮は意図的に残した背びれが地面に着くように，
しかもサケの頭側を［くつ］の爪先側に向けて使っている。そうすることによ
り，それぞれの「うろこ」の付け根が爪先側を向くから，背びれと併せて雪上
を歩行するときに踏ん張りが効くことになった。間宮海峡を越えたシベリヤ方
面で暮らした少数民族は，古くには厳寒期を乗り切るために毛皮を縫って着物，
履物を作ったし，温暖期にはサケ皮で作ったものを使ったことが知られている。
図示したカラフトアイヌの［キロ］は，シベリヤ方面に分布した北方少数民族
の物質文化に脈絡を有するものと推測されている。

図5-1-2は萱野茂さんが著述した『アイヌの民具』からの転載だが，萱野
さんは，この書に1足の大人用の「靴」を作るために必要なサケ皮の枚数，使
用可能期間，作り方，皮針で縫う糸の素材，弱点などについて述べている（萱
野茂 1978）。地面に着く方に背びれをもってくること，サケの頭側を爪先側に
向けることは先のカラフトアイヌの［キロ］と同じである。これを作る季節は
秋で，この中に干し草を入れて履いたという。それでも冬には足が冷たいので，
シカの毛皮で作った［くつ］を履いたものという。そこから想像するとカラフ
トアイヌも［キロ］を履く時は断熱効果がある干し草を入れたのであろうし，
厳冬期には毛皮の［くつ］を履いたのであろう。

（2）毛皮で作った［毛たび］

図5-2-1のシカの脛の毛皮で作った［ユクケリ］は，やはり『アイヌの民

図5-1　サケ皮で作った履物

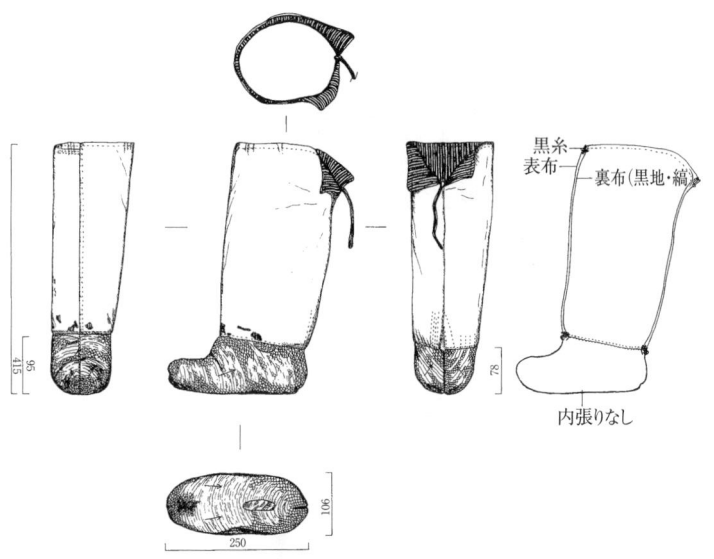

黒糸
表布
裏布(黒地・縞)
内張りなし

1 カラフトアイヌの［キロ］（サケ皮製の長靴）（名久井芳枝作図，名久井芳枝1986a）

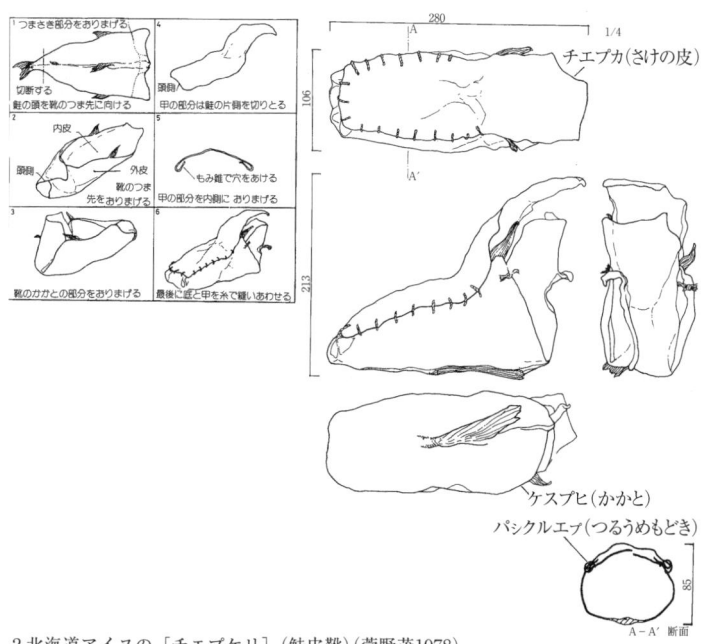

チエプカ(さけの皮)

ケスプヒ(かかと)
パシクルエプ(つるうめもどき)
A-A' 断面

2 北海道アイヌの［チエプケリ］（鮭皮靴）（萱野茂1978）

図5-2　毛皮で作った「くつ」

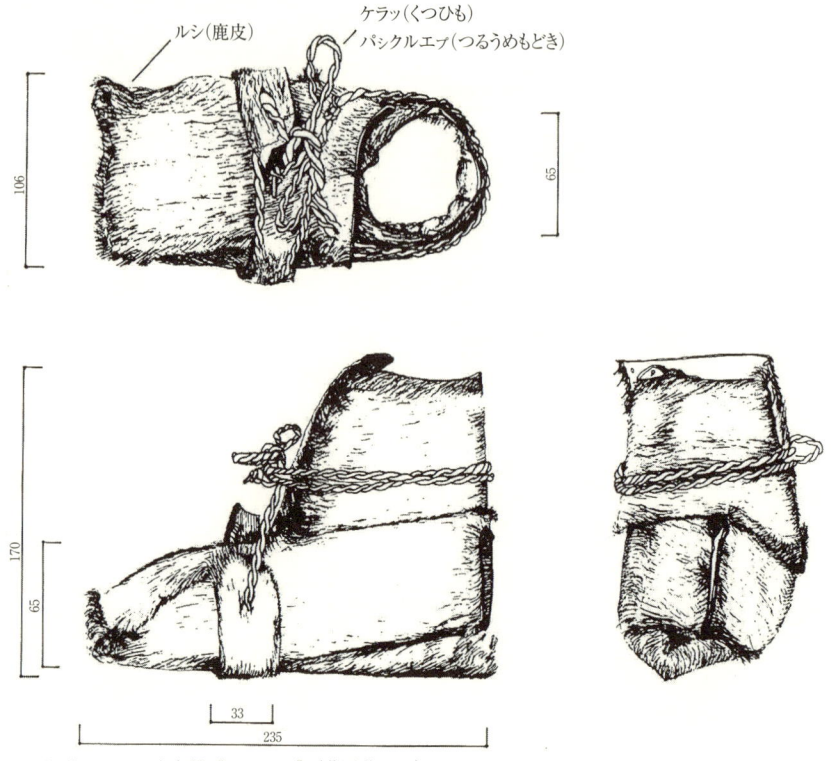

ルシ(鹿皮)
ケラッ(くつひも)
パシクルエブ(つるうめもどき)

106
65
170
65
33
235

1 北海道アイヌの鹿皮靴［ユクケリ］（萱野茂1978）

具』からの転載である。同書によると上等の［ユクケリ］1足を作るにはシカ2頭分の毛皮を必要とした。毛が短く，しかも皮が厚い脛の毛皮だけを使うからであるという。底を作るのは前足の皮で，毛の方を外に出し，毛先が後ろを向くように作るのだという。上り坂で滑り難くする備えであろうか。萱野さんは同書で，素材の整え方，作り方，足首を縛る縄の素材などについて具体的に解説している。図からわかるように毛を表側にして，毛並みが爪先からかかとの方へ流れるようにして作っていることは，サケ皮で作る［くつ］に通じるところがある。製作にあたって毛皮を広げ，その上に足を載せ，足を前後，左右からくるむようにして要所を縫い合わせているところもサケ皮製の［くつ］に通じている。なお，この［ユクケリ］を履くときには，汗取りのためにケロム

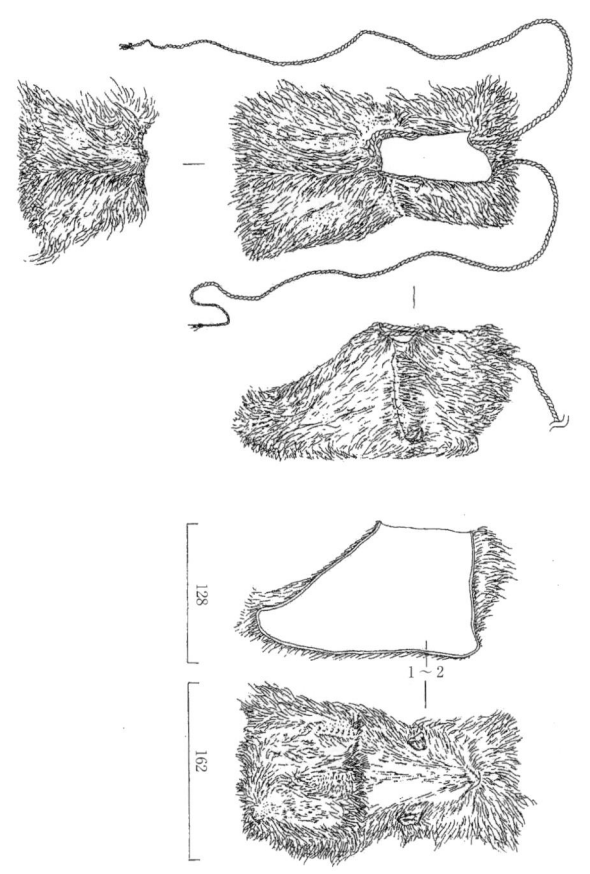

2 阿仁マタギの［あぶけぐるみ］（マタギ資料館所蔵，田崎美紀子作図，秋田県教委編2008）

ンという草を入れて履き，ツルウメモドキの皮で撚った縄で足首を縛ったという。この汗取りというのは阿仁マタギが用いた［中敷き］（図5-2-3）に共通する役目だったのかも知れない。

　阿仁マタギが使った履物について『秋田県指定有形民俗文化財　阿仁マタギ用具』を参考にしたり，現地調査に際してマタギの経験者からお聞きしたりしたことを紹介したい。秋田県阿仁地方のマタギたちは，昔，「マタギ」（狩猟）のときには［毛たび］を履いた。それは「わら」製の［つまご］よりも保温力があって，しかも濡れないからであるという。昭和の初めごろには，あめ色の

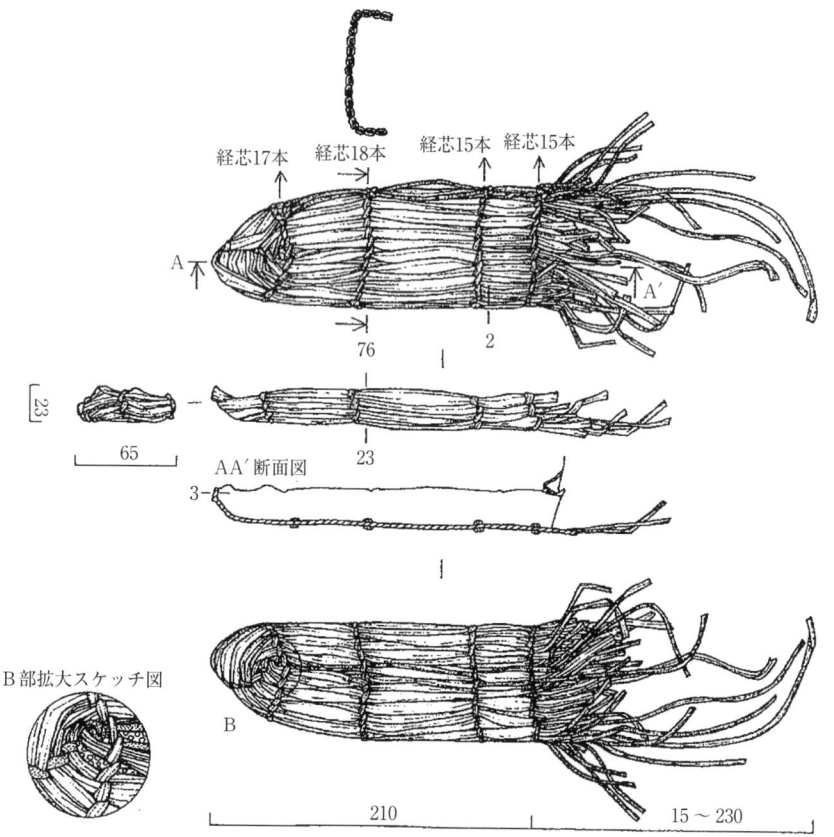

経芯17本　経芯18本　経芯15本　経芯15本

A

76　2

65　23

AA′断面図

B部拡大スケッチ図

B

210　15〜230

3 阿仁マタギの［中敷き］（根子児童館所蔵，角舘さえ作図，秋田県教委編2008）

生ゴムでできた［生ほっこ］を履いたが，それは暖かくて雪が入らず滑りにく
いものなので山仕事をする人たちも履いたという。戦中，戦後の生ゴム製品が
入手できなくなったときには再び［つまご］を履き，その後はゴム［長靴］に
変わったという。［毛たび］を履いていた時代でも，皆が皆［毛たび］を持っ
ているわけでなく，マタギ（狩猟）のときに［つまご］を履く人もいたという。
その一方で昭和50年ごろまで［毛たび］を履いたマタギもいたというから，履
物の変遷は一様ではなかったのである。

　図5-2-2の［あぶけぐるみ］は［毛たび］の別称らしい。［毛たび］は雪
の中では軟らかくなり，暖かい履物として珍重された。これを作るにはカモシ

カ（地方名アオシシ）1頭の頭部の皮で片方の［毛たび］を作る。カモシカの角と角の間の寸法が足の甲の幅ぐらいあるため，片方の［毛たび］を作るには丁度良かった。ただしその皮の利用方法は必ずしも厳密なものではなく，或るマタギは1頭のカモシカの4本の脚と顔面～頭部の皮を使って［毛たび］1足と［手っきやあす（手袋）］を作った。

　カモシカの皮を切るには［またぎ包丁］や［ながさ］を使った。前者は小刀よりも少し大きなもので現在でも使われている。［ながさ］は切っ先が日本刀のように尖っている，鞘に納めて携帯する短めの刃物である。なおカモシカが捕れないときにはイヌの毛皮で代用する人もいたという。イヌといえばペットという現代とは違う感覚があったのである。

　マタギが履いた［毛たび］の中には，和装の足袋のように親指を収める部分を分けて仕立てた例もあったが，それは少数派で，多くは足を前後左右から包み込むように仕上げるものだった。久しぶりに履く［毛たび］は固くなっているので，水に浸けて柔らかくしてから履いた。幾分固い［毛たび］でも雪の中を歩いているうちに濡れて柔らかくなり，暖かくもなる。［毛たび］は履き心地が良いが，5，6年も履くと底が擦り切れてだめになるから，そんなときは，ふだん，猟をしないときに使っているわら製の［つまご］を履いたという。「わら」製の［つまご］が，場合によっては［毛たび］に代わる履物になったことに留意しておきたい。

（3）中　敷　き

　［毛たび］を履くときは，「かかと」から足首にかけて布で作った［小はんばき］を巻き付けてから履くものだった。そのときに爪先から「かかと」まではガマの葉や茎の皮で作った［中敷き］（図5-2-3）を履いてから［毛たび］を履くことがあったが，それは［毛たび］の脂で足が脂やけしないように皮膚を保護するためだったという。しかし［中敷き］を履かない人もいたというから，脂やけ云々は必ずしも厳密ではなかったらしい。

　以上のことに関して印象深く聞いたのは，阿仁のマタギにとって［毛たび］は，あくまでも雪中での狩猟に際して履くものであり，同じ積雪期でも狩猟以外の生活場面では「わら」製の［つまご］を履くのが普通だったという。その［毛たび］が使用に伴って損耗し，補充が間に合わないときには普段の作業に

使っている「わら」製の［つまご］を履いたというから，［つまご］の使用範囲はきわめて広範に及んでいたことが察せられる。

2　植物性素材の履物——底部形成の基礎，4本芯縄

民具として残っている履物に用いられた素材で圧倒的に多いのは「わら」で，それ以外のイグサ製，樹皮製，蔓皮製，葉，たけのこ皮製などは少数派である。

（1）わら製の［ぞうり］［わらじ］［つまご］

「わら」で何かを作る場合，束をしごいて屑を取るとか，事前に湿り気を与えるなどの作業を要するが，その辺りは省略する。

岩手県の北上山地で用いられた図5-3-1のような［ぞうり］には屋内用の［上ぞうり］と屋外用の［山ぞうり］がある。手数の掛け方に差があり，［上ぞうり］には爪先や緒を作るときに色物の端切れを混ぜて化粧とした。［山ぞうり］にはそうした化粧をせず，鼻緒の所に結び目が露出するのが特徴。

図5-3-2の［わらじ］は男女とも雪のない季節に，やや遠方まで用足しに行くときや近くの畑に行くときに履いた。先端が擦り切れやすいから布切れを巻き込んで作ることもあった。親指がはみ出すが，かかとは出ない。［ぞうり］と違うのは鼻緒の部分から長く伸びた細縄が底の両側縁で保持されていることである。その細縄は歩行や作業中に不意に脱げることがないように，足首に回して縛るために付けた。底が擦り切れて1日で使えなくなることが多いので長い距離を歩くときは腰に予備を付けて行くものだった。

図5-3-3の［つまご］は，機械工業製品が普及する以前，冬に山中で建材を取るために木を伐って枝を落とし，所要の長さに切断するとか，枕木を取るとか，それを麓まで運び下ろすなどの山仕事をする人が必ず履いた。そういう仕事をする人が履いた［つまご］は1日でだめになることがあるので，毎晩2足ずつ準備するものだった。大きな飯場に多人数で寝泊まりしながら稼ぐような場合には空いた米俵を解いて製作材料にしたという。［つまご］は冬場には一般の家庭でも使われた。屋根の雪下ろし，家の周りの除雪，［そり］で薪を運ぶといった作業や，少し遠出するときの防寒用に履く物だった。男女兼用で寒い日には［つまご］の中に「わら」を敷いて履いた。家庭で使う場合でも1週間から10日ぐらいしかもたないもので，最も弱いのは底だったという。

図5-3-4の［味噌踏みつまご］（あくどもんこ）は，昔，農家で味噌を自分の家で作るときに履いたもの。味噌を作るためには煮たダイズを大きな桶の中で踏みつぶさなければならない。そのとき，やけどを防ぐために，これを履いた。その形態や製作技術は積雪期に使う履物と変わらない。

　いま挙げたような「わら」製の履物は全国に分布しているが，自分が注目するのは底の製作方法である。

（2）卓越した基本構造──4本芯縄

　図5-3に図示した民具の［ぞうり］［わらじ］［つまご］，あるいは深雪にも履くことができた「くつ」の製作にあたっては，1点の例外もなく底から作り始めるのが手順である。多くの場合，製作者は座って両足を伸ばし，左右の親指に芯縄を掛け，引き寄せて張った。足指に代わるものとして専用の台を作って使う場合もあったが，いずれの場合も張り渡して手元でまとめる芯縄はほとんどの場合，4本である。その芯縄に，数本の「わら」を1条の緯材として，それぞれの芯縄の表から裏へ，裏から表へと浮沈，交差させて組み，引き締め

図5-3　民具の「わら」製履物

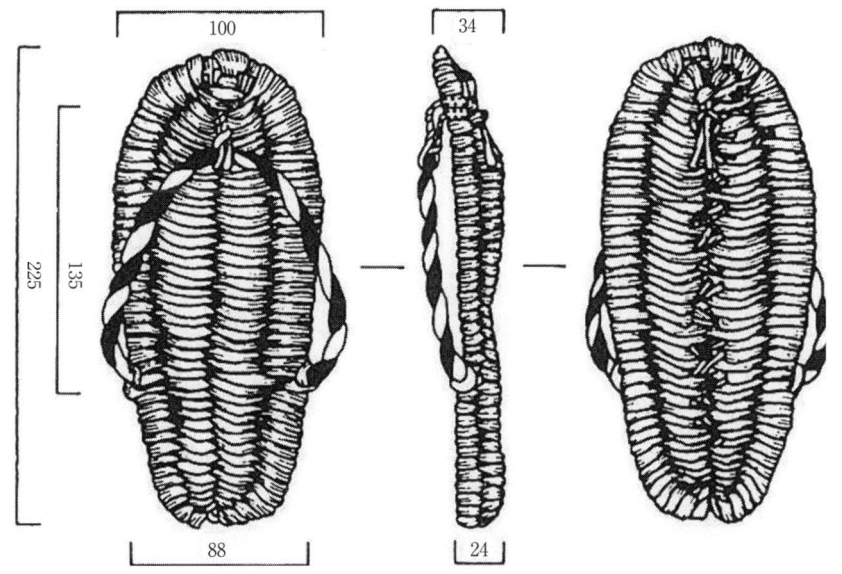

1　［ぞうり］（岩手県久慈市，名久井芳枝作図，名久井芳枝1986a）

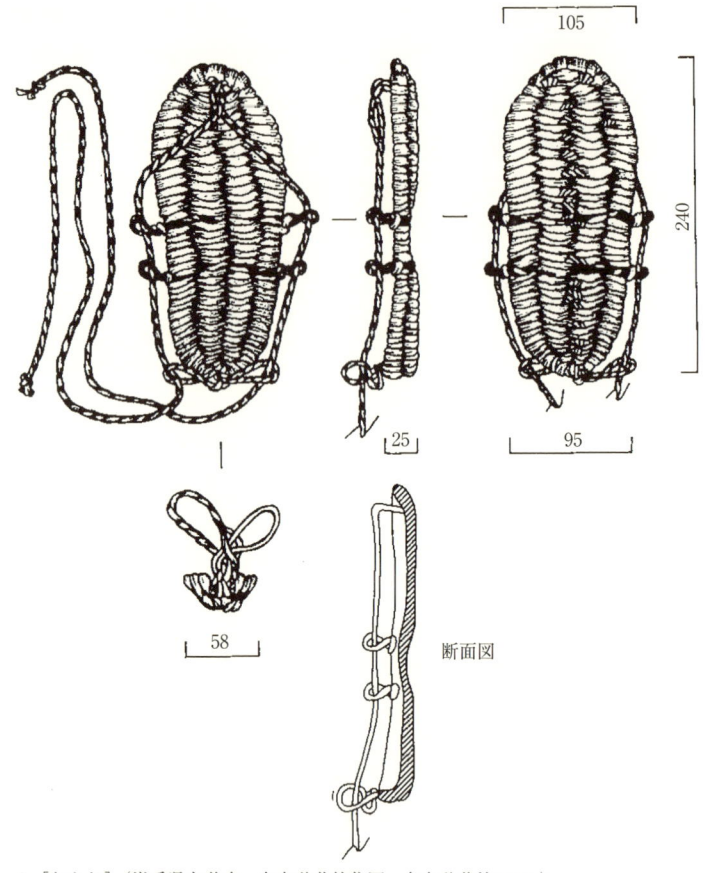

105

240

25

95

58

断面図

2 ［わらじ］（岩手県久慈市，名久井芳枝作図，名久井芳枝1986a）

ながら，左右の側縁間を往復させて平面を形成する。その結果として底になる部分には必ず谷と山が交互に現れる。

　履物を上のようにして作る技術は後述するように北海道から沖縄県の先島諸島まで分布している，自然素材で作る履物でも同様であったし（図5-7），最強の「わら」製履物であるウシ，ウマに履かせた［くつ］の場合も同様であった（図5-6）。履物の底を形成する技術として4本芯縄を基礎とする方法は卓越していたのである。その背景について考えるところは後述する。

（3）足の甲を保護する上部構造の製法

植物性素材で製作された履物には［つまご］（図5-3-3），［味噌踏みつま

ご］（図5-3-4）のように足の甲を保護するための上部構造を備えた類がある。そのような上部構造は，山中で木の伐採や運送に従事する人々が履いた［つまご］が好例であるように，雪や寒気，藪や雪に隠れている岩や切り株，とげ等から足を守るためのもので，山野での活動にはどうしても必要だったのである。そのような上部構造は底と別個に製作されたのではなく，底を形成する素材の中に上部構造形成用の素材をあらかじめ付加しておいて，底と一体化した状態で製作された。上部構造を形成する平〜曲面製作技術には，組んで製作した類と編んで製作した類があり，前者が多いように見える。

●組んで製作した上部構造● ［つまご］（図5-3-3）が［わらじ］と違うの

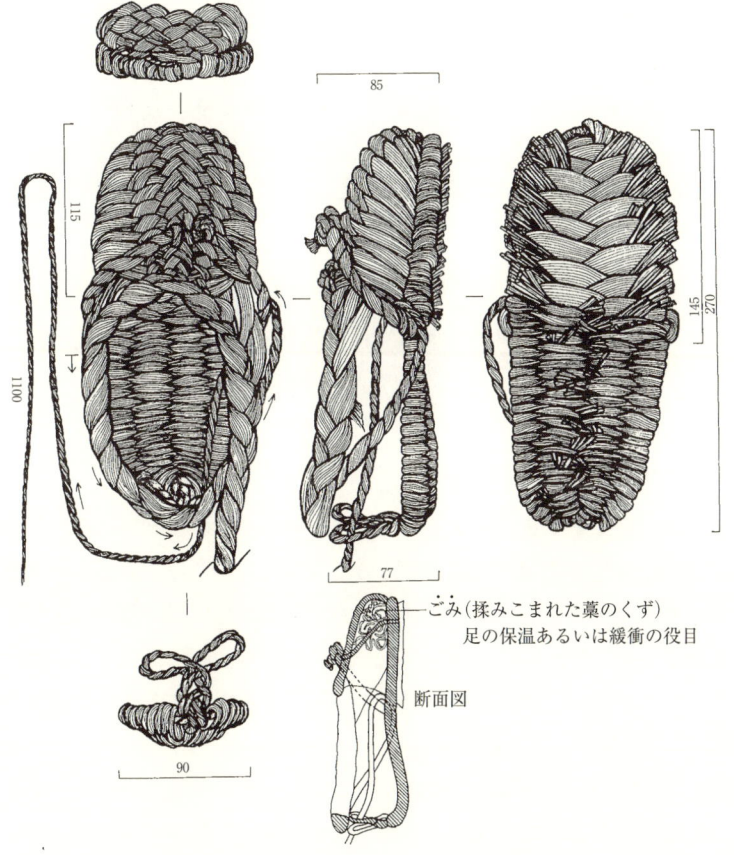

ごみ(揉みこまれた藁のくず)
足の保温あるいは緩衝の役目

断面図

3 ［つまご］（岩手県久慈市，名久井芳枝作図，名久井芳枝1986a）

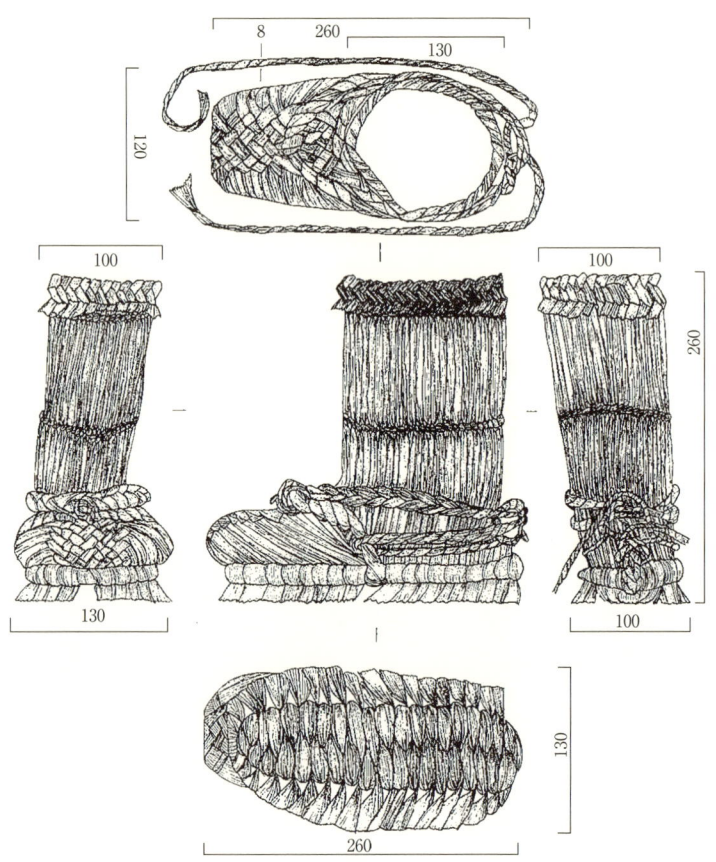

4　[味噌踏みつまご]（岩手県滝沢村，川辺悠子作図，滝沢村教委編2010）

は足の甲から爪先までを保護する上部構造を備えていることである。しかし，かかと付近から足首の辺りは露出するので，積雪の中で作業する人々は爪先の辺りに「わらくず」を巻いたばかりでなく，親指の付け根辺りから足首まで，ぼろ布や南京袋で作った［足からみ］を巻いて履き，脛には必ず［はばき］を付けた。また，それとは別種の，足首から脛までを保護するように深く作った［つまごぐつ］を履くこともあった。

　●編んで製作した上部構造●　図5-4-1の［つまご］は，阿仁のマタギの中でも［毛たび］を持っていない人は冬でも履いたし，夏場でも「蚊よけ」として，あるいは川岸などヘビが出る所でも履いたという。特徴的なのは，足の甲

図5-4　編んで製作した上部構造

断面図

※4本の編み芯は3cm位内側に折り曲げられ，始末されている

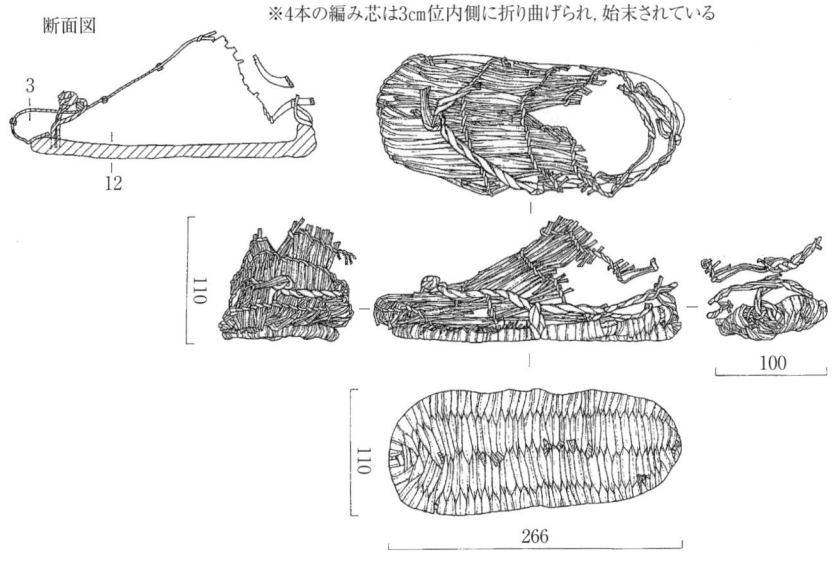

1　［つまご］（マタギ資料館所蔵，角舘さえ作図，秋田県教委編2008）

2　［つまご］（福島県内採集）

を保護する上部構造が形成された後で緒が取り付けられていることである。つまり，横緒，鼻緒を伴うことは［わらじ］と同様だから，足の甲を保護すべき上部構造を伴っている［わらじ］として理解することができる。

　この上部構造の製作を実測図から推察すると緒が取り付けられる前に，爪先

側から足首側に向かって多数の素材が配されているが，それらの素材はおそらく，底を形成し終わる前に必要な長さの素材が組み込まれており，底を形成した素材と同化させておいたものであろう。そうして底が形成された後で先端に残っている素材を起こし，足首側に倒して，それを底の縁を通した別素材で「縄目編み」の手法で編んだものではないかと思われる。その「縄目編み」は最先端に1筋，足首に1筋，その中間に，間を空けて2筋を走らせている。足の甲を保護するための上部構造の一種として，編んで製作された例である。

図5-4-2の福島県で採集した［つまご］は底が出来上がった後，それ以前に組み込んでおいた素材を起こした際，爪先でいったん組んでから足首側に倒して編んでいる。また，この上部構造を横断するかのように中ほどに縄を配しているのは履いた足との密着性を高めようとしたものであろう。

上のように，足の甲を保護するための上部構造には組んで作る類と編んで作る類があったことになる。

（4）「かかと」から足首を保護した編み物

積雪期の山中で作業する人々が使った民具の中に，寒さや衝撃，雪から「かかと」，足首，脛までを保護するために作られたものがあった。

図5-5-1の［かかと当て］は雪の中で，［つまご］を履いて作業を行う際に足首の辺りから脛の中ほどまでを保護，保温するために作られたものである。ヤマブドウの蔓皮製。その素材は背負い籠の材料になるほど硬いものだが，そのままでは素肌に付けられないので，昔の人は柔らかくしてから使った。聞くところによると灰汁で煮てから，1つまみの蔓皮を片手で握る。そこから数cm離した所をもう一方の手で握る。そうしておいて両の手の中間を不規則，多方向に動かすと，蔓皮は揉みほぐされて繊維方向に分離して細くなる。そのようにして場所を変えながら全体を柔らかくする。その作業を入念に行うと，蔓皮の繊維は完全に分離して1本が頭髪ぐらいの太さになるから，昔の人は必要に応じてそのように変えてから使った。そうして軟化させたものを揃え，同じ素材を撚った細い縄を使って編んで2枚の平面を作る。その1枚は足の底から「かかと」を経て脛の裏側までの保護に使い，別な1枚は足の甲から足首を経て向う脛までの保護に使った。このとき，足首から先は綴じ合わせるがその上は綴じず，脛を前後から挟むようにしてから紐を回して縛っている。

図5-5 「かかと」から足首を保護する履物

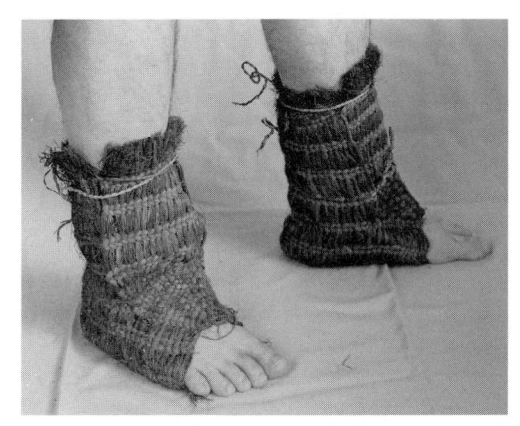

1 ［かかと当て］（宮古市立山口小学校所蔵，ヤマブドウ蔓皮製，名久井1999）

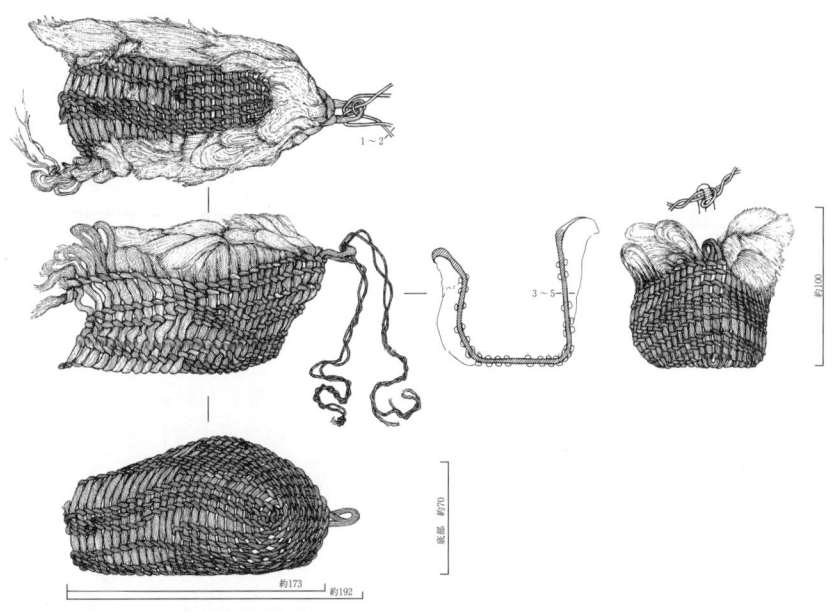

2 ［あぐど掛け］（岩手県西和賀町，小田島家資料，ヤマブドウ蔓皮製，名久井芳枝作図）

3［ずんべ］（高山市教委所蔵）

図5-5-2の［あぐど掛け］の「あぐど」とは方言で「かかと」のこと。やはりヤマブドウの蔓皮を揉みほぐして柔らかくしたものを編んで作っている。このような「かかと」から足首，または脛までを保護する民具は稀にしか見かけないが，店で買った靴下，あるいは南京袋を解いて巻いた［足からみ］を使うようになるまでは上記のようなものを使ったのではないかと想像される。岐阜県秋神民俗資料館で見た同様の資料もヤマブドウの蔓皮を柔らかくしてから編んだものだった。2点を見たが，そのうちの1点（同図3［ずんべ］）の全長は長く，膝下まで届くと見た。積雪期に材木を切り出すなどの作業をする際，深雪に対応するためにこれを装着してから［つまご］を履いたのであろう。

　ここで，これまでに見た民具の履物についてまとめると，機械工業製品以前の民具の履物にはサケ皮製，カモシカの毛皮製のように動物性素材で作る履物があった。植物性素材で圧倒的に多く用いられたのは「わら」だが，後述するように樹皮や蔓皮，たけのこの皮，アダンの葉なども用いられ，［ぞうり］［わらじ］［つまご］などが作られた。それらは必ず底から作り始めたが，共通しているのは4本の芯縄を張り，それを頼りにして別素材を組んだ。［ぞうり］のように緒を付けただけのもの，［わらじ］のように脇に付けた仕掛けに長い縄を通して足首に巻いて脱げ難くしたもの，［つまご］のように足の甲を保護するため，「編む」か「組む」かして作った構造を伴うものがあった。それを雪中で用いる場合は，あらかじめ足底から「かかと」，足首から脛までを保護するものを取り付けてから［つまご］を履いた。

　自分は，そのような民具を通して縄紋時代人が用いた可能性が高い履物を推察する手掛かりを見出したいと思うが，そのために真っ先に着目したいのは「わら」製の最強の履物である。

3　最強の「わら」製履物——ウシ，ウマに履かせた［くつ］の底

　いささか唐突だが，縄紋時代人の履物を推察するにあたって注目したいのは牛馬用の「くつ」「わらじ」である。各地に残っている参勤交代の大名行列を描いた絵巻を見ると，一行の中には必ずと言ってよいほど「馬沓」を入れたものを持ち運ぶ者たちが描かれている。その馬沓がどのような形態，製作法であったか絵巻から知ることはできないが，その手掛かりになるのは諸物品を運送するために大名行列に加えられた駄馬が，たいてい領内の百姓たちから借り上

図5-6　ウシ，ウマに履かせた履物

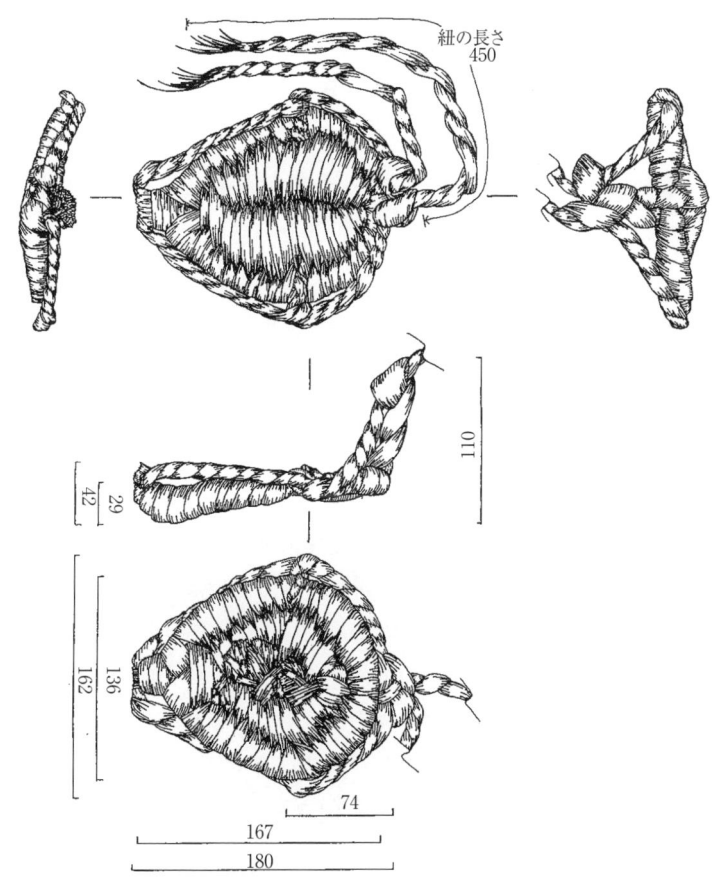

1 ウマ用の［くつ］（岩手県滝沢市，長津瑛子作図，滝沢村教委編2010）

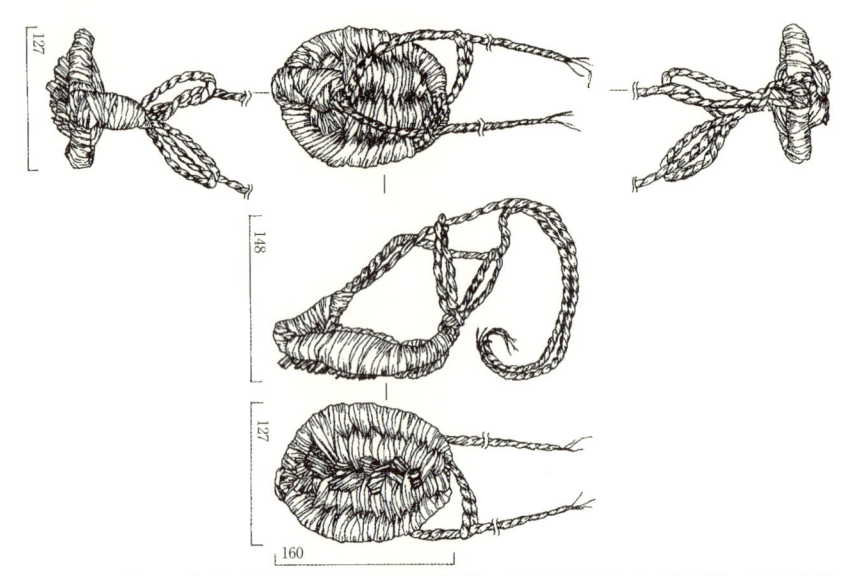

2 ウシ用の［わらじ］（岩手県葛巻町小田民俗資料館所蔵，渡邊花子作図，名久井文明・名久井芳枝 2008）

げられたことである。そこから推察すると，大名行列に動員された駄馬が着け た馬沓は当時の百姓や博労が作り，使ったウマ用の［くつ］と同じものであっ たと想像してよいのではないか。それが明治時代以降に変容したとは考え難い から，その実態は次の図のようなものだったと思われる。

　図5-6-1はウマ用の「くつ」である。亡くなった父親が博労をしていたと いう岩手県旧滝沢村の駿河登さんから聞いたことだが，農業が機械化される前 には農耕馬として，あるいは産ませた子馬を市場で売るために，どこの農家も ウマを飼っていた。だからウマの売買を仲介する博労は，しばしば遠方までウ マを連れて行き来することが珍しくなかった。そのとき，蹄鉄を打っていない ウマが悪路で爪を壊すことがあるので，それを未然に防ぐため「くつ」を履か せるものだったという。しかしそれは1里も歩くと擦り切れて使えなくなるの で，博労は連れて歩く距離に見合う数の予備の「くつ」を馬具に付けて行くも のだった。それは必需品だったから，博労の父はいつも炉の脇でそれを作って いたという。

　図5-6-2はウシ用の［わらじ］である。ウマ用を［くつ］といい，ウシ用

を［わらじ］としているのは厳密に使い分けられているわけではない。1も2も縄を長く残している方が，かかと側である。ウシ用の［わらじ］に，人間用の履物で言えば鼻緒に相当するものが作られているのは，馬の爪と違って牛の爪は左右に分かれているからである。岩手県の北部北上山地に所在する葛巻町小田の方々から聞いたことだが，一般家庭で暖房用に石油を使うようになるまで，岩手県は木炭の生産，移出の量が非常に多かった。道路や橋が整備されていないためにトラックが山の奥まで入って来ることができなかった時代に，荷主から依頼され，山中に築かれた炭窯から問屋や駅まで7頭の牛を使って炭を運んだのが牛方である。牛方は1俵15kgの炭俵をウシの左右に3俵ずつ着けて山道を歩かせたが，そのとき，悪路が災いしてウシが足を痛がる様子を見せることがある。そんな場合には，牛方は鞍に括り付けてきた自作の「わら」製の［わらじ］を履かせたという。

図5-6-1・2の構造を見比べると，共通しているのは，縦に見た場合に両端の間に走っている山が2筋であることで，両者とも側面から逆側に向かって，谷と山が交互に繰り返されている。それは，この製法が4本の芯縄を張り，その間に別な1つまみの「わら」を浮沈，交差させることで平面を形成する製法であることを物語っている。つまり牛馬用の履物の底の製法は4本芯縄を張って作る，ヒトが履く［ぞうり］［わらじ］［つまご］などと同じであった。

第2節　縄紋人の履物を推理する

年間を通して積雪を見ることがない温暖な地方に暮らした縄紋人の中には履物を必要としなかった人々もいたかもしれない。しかし旧石器時代から引き続いて狩猟，漁労，採集の生活をした縄紋人である。狩猟の適期が冬であることを思い起こすまでもなく，あるいは採集活動が山間部から海浜まで広く展開されたであろうことを想像すると，縄紋時代の人々は履物を必要としたと見るのが妥当であろう。

1　縄紋人が使った素材の推察

縄紋時代人が具体的にどのような素材を選び，どんな形態の履物を，どんな

図 5-7 樹皮・蔓皮製の［わらじ］［ぞうり］

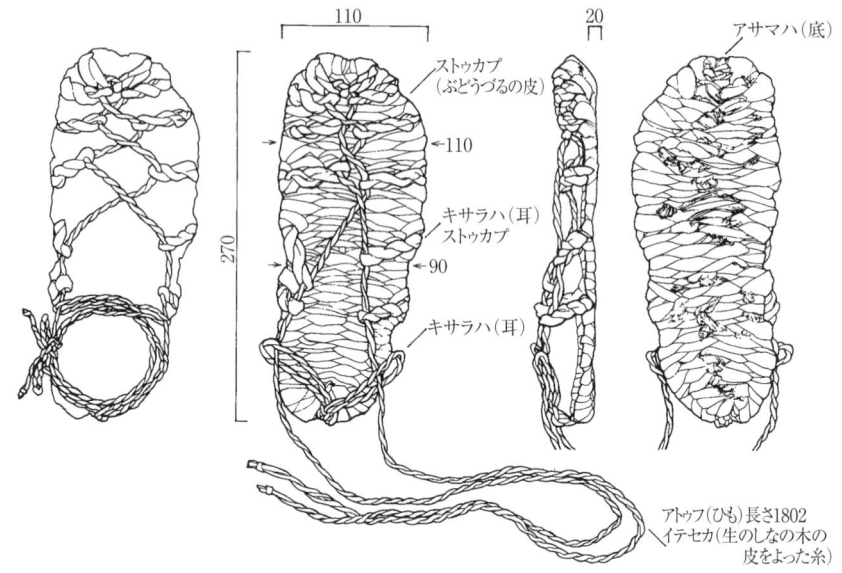

1 アイヌ民族の［ストウケリ］（ヤマブドウの蔓皮製，萱野茂1978）

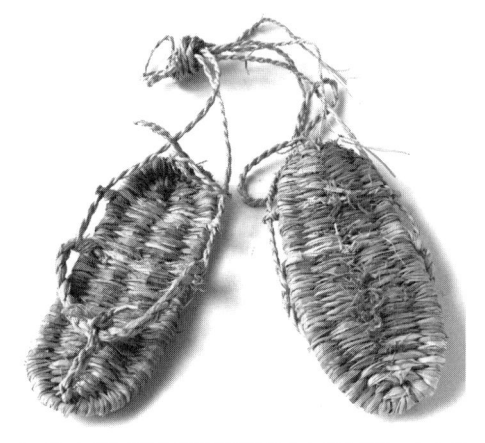

3 ［わらじ］（岩手県岩手町穀蔵市太郎氏製作，ヤナギ
　樹皮製，岩手県立博物館編1991）

2 ［わらじ］（岩手県軽米町戸草内秀男氏製作，
　ヤマブドウの蔓皮製，岩手県立博物館編
　1991）

4 ［ぞうり］（岩手県岩手町穀蔵市太郎氏製作，シナノキ樹皮製，
岩手県立博物館編1991）

5 ［すべ］（岩手県一戸町，シナノキ樹皮製，岩手県立博物館編
1991）

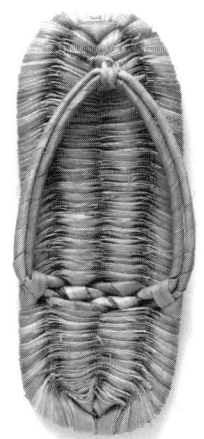

6 ［ぞうり］（高知県，たけのこ皮製）　　7 ［さば（ぞうり）］（沖縄県竹富島，アダン葉製）

技術で作っていたか，遺物が発掘されていないので実態は不明だが，水田稲作の副産物である「わら」以外の素材で作られた履物に注目すべきであると思う。

　北上山地で聞いたことだが，傾斜地ばかりの山深い所に住んでいるために水田を作ることが難しかった人々が，履物の材料は「わら」に勝るものがないからと，稲作が行われている所まで出かけて行って買い求めてくることは普通にあった（名久井芳枝 1986b）。あるいは海岸に開けた平地の水田で米を作る人と，水田を開くことが叶わない山地に住む人が，金銭を介すことなく通年で互いの産品を遣り取りする関係を結ぶこともあり，物々交換のようにして「わら」を手に入れることができた人もいた（名久井文明・名久井芳枝 2001）。そのようにして「わら」を手に入れるのは，履物を作るうえで，これ以上に保温性が勝る素材がなかったからだが，「わら」という新素材が入手できるようになるまで，この列島で暮らした人々が履物を植物性素材で製作しようと思ったなら野生の草本，木本の繊維を利用するしかなかったと思われる。そんな時代の履物を彷彿とさせるのが図5-7に例示したような自然素材で作った履物である。

　図5-7-1は，アイヌ民族が使った［ストウケリ］で，底の両側縁に，足首に回して縛る細縄を通すための仕掛けが設けられていることは本州の［わらじ］に共通している。本州の［わらじ］には鼻緒が付けられたうえに，紐通しの仕掛けが両側縁に2か所ずつ付けられるのが普通だが，これには鼻緒が付けられず，紐通しの仕掛けが両側縁に6か所ずつ付けられている。それは狩猟に際して展開される激しい動きに耐えられるように備えた構造なのであろう。

　図5-7-2は岩手県の北部の方が，昔はこういうものがあったといって自分に作ってくれたものだが，ヤマブドウの蔓皮で作った［わらじ］は，山で伐った木を町場まで運送するのに河川を利用する人々が履くものだったと教えられた。濡れた場合の強さが「わら」製よりも格段に丈夫だったからであるという。側縁に設けられている，足首に回して留める細縄を通している仕掛けの数がアイヌ民族の［ストウケリ］よりも少ない。

　図5-7-4の［ぞうり］は緒に紅白の布切れを巻き込んでいるところから，室内用であったと知られる。

　図5-7-5の［すべ］は外便所を使うとか隣の家に行くといった，ちょっとした用事のときに家の周囲で履いた。例えるなら［ぞうり］の前方に爪皮を付

けたような形に作ったもので，雪のない季節に家の周りで使った，現在のサンダルのようなもの。

　図5-7-7の［さば］のようにアダンの葉で製作した「ぞうり」は諸氏の著作や博物館の刊行物を見ると，沖縄本島を越えて先島諸島まで分布している。

　上に例示した履物は現代の製品であるから，これらを作った人々は誰もが「わら」製の履物を知っているだろう。それでも，このような履物が存在していることは，まだ「わら」を知らなかった時代，つまり水田稲作農耕が定着する以前の履物の名残をとどめているのではなかろうかというのが自分の推察である。そう推察する理由の1つは底の作り方にある。

2　縄紋人が履物の底を作った技術の推察

　前節で，縄紋時代人の履物を考究するにあたって牛馬用の履物に着眼したのは，ヒトとは比較にならないほど重い体重を支えるために使われる履物には，それに見合う「丈夫さ」が求められたに違いないと思うからである。その必要に応えたのが図5-6に図示した民具だった。言い換えると図示したような履物の底が牛馬の体重に耐える最強の構造だったのである。1里も歩かせれば擦り切れて駄目になるという話者の証言は確かにそのとおりであろうが，それは素材の不可避的な耐久性の問題であり，［くつ］の形態やその形成技術の問題ではない。むしろ自分が注目したいのは，1里を歩かせることができた「丈夫さ」である。それを支えたのが，太い4本の芯縄と，その間を浮沈させて組み進める「わら」の量を多くすることで分厚く仕上げることが可能となる底の構造だった。

　ここで興味深いのは図5-7に挙げた自然素材の履物に共通する底の構造である。明治時代に学校教育が開始され，国が定めた教科書で学ぶようになる以前には，それぞれの言葉での意思疎通が難しかったであろうと想像される遠隔地間の履物，例えば昔，北海道アイヌが使ったヤマブドウの蔓皮製の［わらじ（ストウケリ）］（図5-7-1）も，先島諸島の人々が使ったアダン葉製の［ぞうり（さば）］（図5-7-7）も，底は張った4本芯縄を基に作られている。自分にはそれが偶然とは思えないのである。

　履物の底を作るときに4本芯縄を基にするという共通性の背景には，まだ人

図5-8 「ねこ編み」による民具と木枠

1 民具の［背中当て］（オニグルミ樹皮製，岩手県立博物館編1991）

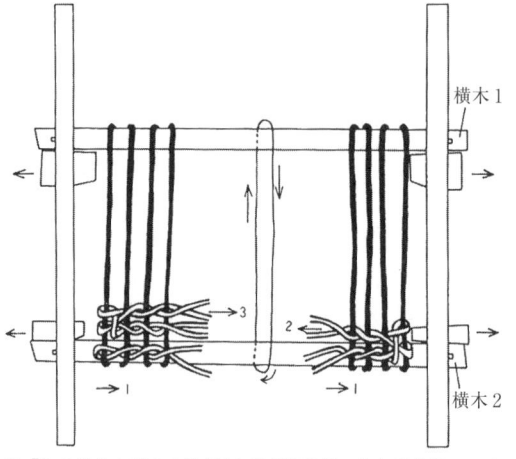

横木1

横木2

2「ねこ編み」用の木枠（名久井芳枝作図，名久井芳枝1986a）

口が少なかった時代に，4本芯縄を基にする製作方法が履物の底を丈夫に作るのに最適，最強であるという認識を共有していた前史があるのではないか。そう推察したとき自分が注目するのは民具に見出される平面形成技術の「ねこ編み」である。

（1）縄紋時代前期の「ねこ編み」とその意義

●民具の「ねこ編み」に見る平面形成● 民具に見られる平面形成技術の一種に「ねこ編み」と呼ぶ類がある。荷を背負うときに背中に当てる［背中当て］は，たいてい「ねこ編み」の手法で作られる。屋内の作業場で脱穀などの一連の作業を行う場合に使う敷物には［むしろ］もあったが，「ねこ編み」で大きく作られたものも使われた。昔，砂金取りが川底に敷いた「わら」製の敷物も「ねこ編み」だった。そのような「わら」製品ばかりでなく，民具には細く切った布や細く整えた樹皮や蔓皮で編んだ平面的製品を使った「入れもの」もある。

岩手県の北上山地ではオニグルミの「ひこばえ」の樹皮を使って編んだ平面的製品を二つ折にしてつないでから，縁の一方を綴じ合わせて薄い「入れもの」を作ることがあった（図5-8-1）。片仮名の「ハ」字形が縦に並んでいるのは，編み上がった平面の両端をつないだ後で片側の縁だけを綴じ合わせて底にしたからである。これも［背中当て］と呼び，山仕事に行く時に鋸や弁当を入れた。50年近く前には宮古市内の荒物屋で，これと同様に作った「わら」製の［背中当て］を売っていた。それは紅白の布切れを編み込んだものだったが，その編み目は段ごとに向きを変えた「ハ」字形が積み重ねられているから「ねこ編み」の手法で編まれたものである。

　上に挙げた程度の大きさでも，あるいは屋内の作業場に広げて敷いた大きな製品でも，「ねこ編み」にするためには必ず，製品の大きさに相応する木枠を使わなければならない。図5-8-2の木枠は同図1の［背中当て］を製作するために使われたものである。人によっては梯子を使う場合もあったらしいが，そのような木枠を使う理由は「ねこ編み」には，張った芯縄が必要だったからである。

　●山形県押出遺跡出土の「ねこ編み」製品断片●　縄紋時代前期の山形県押出遺跡から発掘された小破片は前掲拙著（170頁）でも紹介したのだが，いま縄紋時代人の履物を推察するうえで注視すべき唯一の縄紋時代例として，どうしても再掲しなければならない。図5-8-3の押出遺跡出土例は小破片なので，どのような全体形の一部であったか不明だが，はっきりわかるのは，これが縄紋時代前期の「ねこ編み」製品であることである。その根拠は片仮名の「ハ」字を横に倒したような編み目が右に左に向きを変えて見えることと，この資料の上端に，撚りが掛かった数本の素材が

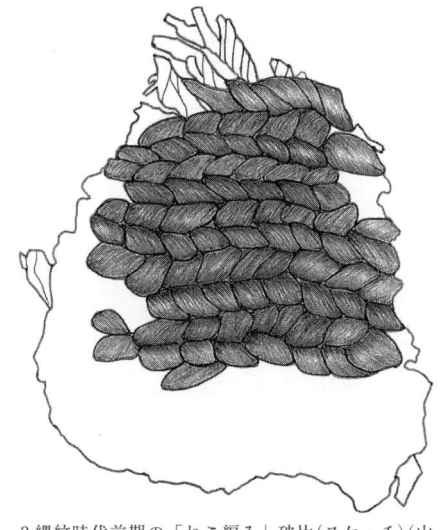

3 縄紋時代前期の「ねこ編み」破片（スケッチ）（山形県押出遺跡，名久井2012）

縦方向に出ていることである。前者は「ねこ編み」によって形成された平面の最大の特徴であり，後者は「ねこ編み」の基になった芯縄の残部である。

　もう少し詳しく述べると縄紋時代前期の押出遺跡人は仕掛けとして4本の木で枠を作ったか2本で済ませたか，それは何とも言えないが，明言できるのは多数の芯縄を張り渡したことである。彼らはたぶんアサやカラムシのような繊維植物，あるいはオヒョウ，シナノキの樹皮などから取った繊維で綯った芯縄を作った。何らかの仕掛けに張ったその芯縄を経材として，たぶん同じ繊維の素材で支度した2本の緯材を1本ずつ使い分けて，芯縄の表から裏へ，裏から表へと相前後して「縄目編み」の手法で編み進め，左端から右端へ，右端から左端へと往復した。その折り返しの部分でひと手間かけたので，その編み目は段ごとに向きを変えた「ハ」字列が積み重ねられることになったのである。民具と比較することによって明らかになった押出遺跡人の平面形成技術は，張った芯縄の端から端までを往復させて平面を形成したという意味で履物の底を形成する技術と近縁であった。しかし両者は等しい技術ではなかったので，双方の異同を明らかにする必要がある。

（2）「ねこ編み」と民具の履物の底——異同の解釈

　縄紋時代前期の押出遺跡人が身に付けていた技術に通じる民具の「ねこ編み」と，［ぞうり］［わらじ］［つまご］等の底を作る民俗的技術との異同を確かめると，次のように幾つもの相違点がある。

〈仕　掛　け〉

　「ねこ編み」の方は多くの場合，四角形に配した木枠を用いる。それに対して民具の［わらじ］等の場合は木枠のような道具は不要で，伸ばした両足の親指に掛けた芯縄を手元で引き寄せて張る。

〈芯縄の本数〉

　「ねこ編み」の方は製作しようとする平面の大きさに応じて本数が変わり，概して多数となる。しかし民具の［わらじ］等の場合，張り渡す芯縄の本数は4本ないし数本以内で済む。

〈芯縄間を往復する緯材の数〉

　「ねこ編み」の緯材が2条であるのに対して民具の［わらじ］等の場合は1条だけで，少ない。

〈緯材の進行方法〉

「ねこ編み」の方は2本の緯材を相前後させて芯縄間を「縄目編み」の手法で往復させるが，民具の［わらじ］等の場合は1条の緯材を持って芯縄間を交互に浮沈させて組み進めるだけである。つまり編んで作るよりも組んで作る方が，手間が少なくて済む。

〈側縁に至った緯材を折り返す方法〉

「ねこ編み」の方が片仮名の「ハ」の字を横にした形を表出するのは，横方向から編み進める緯材が2本で，折り返し部分で或る操作を行うからである。それに対して民具の［わらじ］等の緯材は1条であり，折り返し部分では殊更の操作は行われず単に折り返すだけである。ここでも「ねこ編み」より手間が少ない。

以上の異同を総じていうと，「ねこ編み」よりも［わらじ］等の底を形成する技術は，伸ばした足を使えるから，これという仕掛けを準備する必要がなく，芯縄の本数も少なくて済む。芯縄間を往復する緯材は1条でよく，平面形成にあたっては単に浮沈するだけである。端まで至った緯材は，2本の緯材に少し手間をかける「ねこ編み」よりも，民具の［わらじ］等の緯材は，これ以上はない単純さで折り返す。

上に述べた対比に基づくと，押出遺跡例のように技巧的な「ねこ編み」による平面形成技術が存在していた縄紋時代前期には，それよりも単純な平面形成技術がすでに存在していた可能性はきわめて高いと推察できる。縄紋時代には，その単純な方の平面形成技術をもって，民具の［ぞうり］［わらじ］［つまご］等の底部に通じる平面形成技術が存在したであろうというのが自分の推察である。

3　全体的形状

次いで形状についてだが，鳥獣を狩ったり，魚介類を捕ったりするために山野・海浜を活動的に動いた縄紋時代人が，民具の［ぞうり］のように脱げやすい履物を使ったとは考え難い。よって活発な活動をしても脱げ難いように縄で足首に留めるように作られた民具の［わらじ］（図5-7-2），［つまご］（図5-3-3）のような履物が縄紋時代にも存在したと推察しておきたい。

（1）足の甲を保護する上部構造

　いま縄紋時代人の履物を推察するとき，参考になるのは阿仁マタギが履いて猟に出た［毛たび］だが，気候風土によっては［毛たび］を必要としなかった場合もあったに違いないことは容易に想像できる。

　縄紋時代人が履いた［毛たび］に代わる履物として参考になる民具は，雪中で狩猟した阿仁マタギが，［毛たび］に穴が開いたり擦り切れたりした場合には［つまご］を履いたという民俗的事実である。狩猟をするマタギに関わらず，杣，木挽き，山子として真冬に積雪地帯の山中で働いた人々は［つまご］を履き，脛を［はばき］で保護した。そのような民具を参照すると，縄紋時代人たちも時と場合によっては民具の［つまご］のように足の甲を保護できる植物性素材で作った履物を使った可能性が高いと推察する。その製作技術についても民俗例の［つまご］が参考になるのではなかろうか。いま足の甲，あるいは足の全体を包むように製作された民具を見ると，「編む」あるいは「組む」技術が，単独で，あるいは複合されて駆使されており，それ以外の形成技術を見出すことはできない。本書第１章で見た籠作り技術でも「編む」，「組む」以外の平面形成技術は存在しなかった。そのことから縄紋時代人の履物で足の甲を保護する上部構造を形成した技術も「編む」，「組む」以外に方法は存在しなかったと類推できる。

（2）「かかと」から足首を保護する履物

　図５-５や図５-７に図示した民俗例を参照すると，［つまご］のようなものを履いても露出する「かかと」から足首，脛を保護する履物は縄紋時代人も使ったのではないかと推察したい。積雪期には図５-５-１・２・３のようなものを足に付けたのではないか。その素材は樹皮，蔓皮，繊維植物で，その形成技術は，民具を参照すると「縄目編み」，または「ねこ編み」だったのではないかと推察する。

4　縄紋人の履物を推理する

　以上のように民具，民俗的技術に基づいてさまざまな角度から見てくると，「ねこ編み」の技術をもっていた縄紋時代人が履いた植物性素材の履物の底は図５-７-１の［ストウケリ］その他，自然素材で作った民具の履物と同様に４

本芯縄を基にして形成されていたのではないか，と思われる。さらに，底に付属する製作としては図5-3-2の［わらじ］のように足首に巻いて固定する細縄を備え，足の甲を保護するための上部構造として図5-3-3のように組んだり，図5-4-2のように編んだりして製作したものを備えたものだったのではないか，というのが自分の推察である。そうした基本構造が現代の民具まで途切れることなく伝承されたから，遺跡から発掘された古墳時代（7世紀後半）の東京都多摩ニュータウン遺跡№949遺跡例（東京都埋蔵文化財センター編1998），同じく古墳時代の大阪府長原遺跡例（大阪市文化財協会編 1998）や擦紋時代（8～9世紀）の北海道K39遺跡例（札幌市教育委員会編 2001）などはいずれも4～数本の芯縄を基に形成製作されているのである。

ま　と　め

・民具の履物を参照すると，張った4本芯縄を基にして底を組む方法は最強の底を作る最適の方法として古くから認識されていた可能性が高い。
・「ねこ編み」の技術をもっていた縄紋時代人は，張った芯縄を基にして平面を形成する概念をもっていた。
・縄紋時代人は履物の底を，張った4本の芯縄を基にして組んで形成していたと推察される。
・その上部には，足の甲を保護するために編んだり，組んだりして製作された構造を備えていたであろう。

第6章　土器の発明
——試論

はじめに

　この列島で暮らした後期旧石器時代人は，焼いて食べた後に残った大型の貝殻が調理に使えることに気付いたが，その一方では大容量の「水を漏らさぬ容器」を必要とした。彼らはそれを樹皮で作って木の実を煮たり，「あく抜き」したりしたのではないか。「樹皮なべ」の焼損を予防ないし補修するため，たぶん粘土を塗布した。その経験を通して粘土の性質が学習され，その蓄積が土器の発明につながったのではないか。

第1節　民具が示唆する最初期の　　「水を漏らさぬ容器」とその機能

1　土器以前の「水を漏らさぬ容器」

　もしも土器が発明されるまで，この列島で暮らした後期旧石器時代人が「煮る」という調理法を知らなかったと仮定したら，最初の土器製作者はどのような概念に基づいて粘土という素材を選び，成形しやすくする材料を混ぜ，器の形を深鉢形に決めて成形し，乾燥したことを見極めてから焼いて「水を漏らさぬ容器」を製作できたのであろうか。

　その辺りがうまく説明できないことと，土器が何の前触れもなく忽然と出現したように見えるところから，土器の製作技術はユーラシア大陸から持ち込まれたのではないかと推測され，その原郷土を突き止めようとする研究者の視線は昔から大陸側の古い土器に向けられてきた。しかしこれまでのところ，大陸側で縄紋時代草創期の土器と類似している土器が発見されたとしても，そこから偶然性を払拭できないためか土器製作技術の大陸渡来説は定説になっていない。そんなわけで，1万数千年前の後期旧石器時代末期の人々の生活を劇変さ

せたに違いない，そして現代調理器具の原点となったと思われる縄紋土器がどのような経緯でこの列島に登場したのか全くわかっていないのである。

　自分はその辺りについて，これまで試みられることがなかった民俗的技術や民具を援用する研究方法をもって考察してみたいと思う。

2　自然物素材の民具が示唆する
　　最初期の「水を漏らさぬ容器」とその機能

　およそ実用的な「もの」は初め自然物で作られた。自然物や自然素材が備えた自然科学的特性を利用して製作された人工物が作られ，それを発展させた先に化学的製品が作られるのが常であり，その逆はない。そのような「自然素材先行の原則」が実用品の製作素材に見られる基本であることを理解したとき，非常に気になるのが次に挙げるような自然物を利用した民具である。

　●ホラガイ製湯沸かし●　沖縄県にはホラガイを使った民具として［湯沸かし］や［柄杓］がある（上江洲均 1982）。その［湯沸かし］には紐で吊るすタイプもあるが，一般的なのは木の又を利用して掛けるように作ったタイプだったという。［柄杓］も水を漏らさない貝殻の特長を利用したものである（図 6-1-1・2）。

　これらのうち，ここで注目したいのは「ホラガイやかん」とも呼ばれた［湯沸かし］である。以前，自分が同県内各地で実見した諸例は，上を向けたホラガイの口の脇に小さな孔を開け，そこに片仮名の「レ」字形に枝分かれした細い木を逆さまに挿入し，それをフックとして火に掛けるように作られていた。そのフックの取り付け方だが，まず長い方の，端から1㎝ほどのところに切り込みを回し，その木口から3㎝ぐらいの所まで刃物で割れ目を入れる。その端部を貝の口の脇に開けた小孔に挿入したとき，孔に入りきらなかった部分に割れ目が見えているから，そこに横から楔を入れる。すると貝の中に挿入されていた木の端が開き，切り回しておいた切り込みが貝に開けておいた小孔の縁に食い込むので，水を入れて吊るしても落下しない。そのような構造だから炉の火に掛けて湯を沸かすことができたのである。

　●シャコガイの［照明皿］［食用皿］［香炉］［水溜め］●　上江洲さんによると，沖縄県方面にはシャコガイを［照明皿］［食用皿］［香炉］［水溜め］として使

った民具もあるという（上江洲均 2005）。これらもまた「水を漏らさぬ容器」として貝殻が利用された民具である。ものは試しと，上江洲さん宅の前庭でシャコガイに少量の米と水を入れて火に掛けてみたら十分に炊けて食うことができた。

●クバの葉の鍋● 上江洲さんによると，かつて与那国島では，野良仕事のときクバ（ビロウ）の葉を1枚取り，それで湯沸かし鍋を作ったという（上江洲均 1995）。さらには田仕事に味噌か塩だけを持って行き，クバの青葉で作った鍋でタニシを煮て食べるという民俗事例もあった（図6-2-2）。大きなものであれば1枚の葉で水を漏らさぬ容器に作ることが可能であり，しかも火に掛けて使ったというから植物性素材を使った民俗事例の意味するところは甚だ示唆に富む。

図6-1　ホラガイを使った民具

1ホラガイ製［湯沸かし］（沖縄県竹富島 喜宝院蒐集館所蔵，写真提供 上江洲均氏）

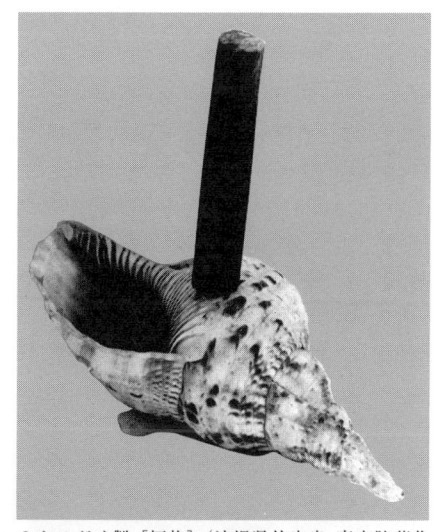

2ホラガイ製［柄杓］（沖縄県竹富島 喜宝院蒐集館所蔵，写真提供 上江洲均氏）

●ホタテの貝焼き味噌● 北日本の民具にホタテの貝殻を小鍋のようにして使う「貝焼き味噌」がある（図6-3）。七輪に起こした炭火にホタテの貝殻の1枚を乗せ，溶きタマゴ，ネギなどを入れて味噌で味を整えて煮た。出来上がると貝殻はそのまま皿になった。「貝焼き味噌」は子どもが風邪をひいたときに

図6-2　クバの青葉で作る「クバなべ」

1 葉柄に絡ませた葉を縛って持ち手とする（製作者 上江洲均氏）

2 クバなべ（上江洲均氏製作）

親が作ったばかりでなく，普段の食事にも使った。昭和30年代の初め，青森駅前にあった市場の中を歩くと，店の人が七輪に載せたこれでおかずを煮ながら昼食をとっている光景は珍しくなかった。

この列島に住んだ後期旧石器時代人にとって，「水を漏らさぬ容器」を知る最もよい機会になったのは，上に挙げた民具のような大型の貝を食

図6-3　民具の［ホタテの貝焼き］（再現写真）

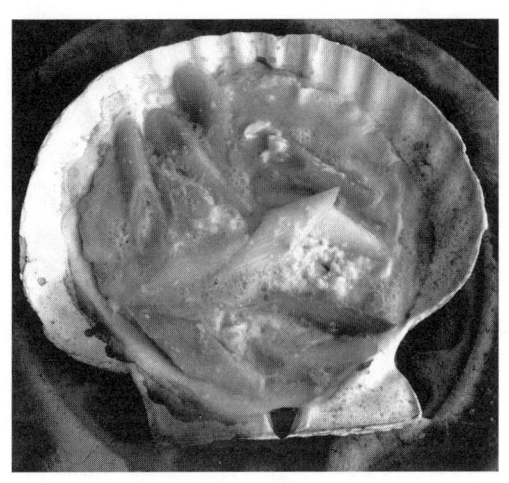

べた場合だったのではないかと思う。彼らは潜って獲った貝を叩き割って中身を生で食することもあったかも知れないが，焼いて食べたこともあっただろうから，食べた後に残った貝殻は「水を漏らさぬ容器」としてさまざまな使われ方をしたのではないだろうか。そうしてみると，民具として上に挙げたホラガイの［湯沸かし］や［柄杓］，シャコガイを使った諸民具，［貝焼き味噌］のホタテのように，ヒトの手による製作や加工という文化的働きかけを，全く，もしくはほとんど受けていない貝殻を使った民具に見られる使用方法は，言ってみれば旧石器時代の生き残りと見てよいことになる。

後期旧石器時代人が焼いて食べた後に残った大型の貝殻は，しばしば食料を煮ることができる器にもなったに違いないが，自然物をそのまま使っているかぎり容量には限度があった。だから大容量の「水を漏らさぬ容器」が必要となった場合には自作しなければならなかったと想像される。彼らには大型の貝殻よりも大容量の容器を必要とする理由があったか，また，それを製作することができたのであろうか。

各種民具の容器製作方法を踏まえて推察するのだが，後期旧石器時代人の生活圏に存在した物質で，貝殻よりも大容量の「水を漏らさぬ容器」の製作を可能にした素材の最有力候補は樹皮であったというのが自分の推察である。

第2節 後期旧石器時代人が「水を漏らさぬ容器」を 必要とした理由（推察）

彼らは採集した木の実を煮て食べる，あるいは「あく抜き」してから煮て食べるために，「水を漏らさぬ容器」を必要としたと推察する。

1 後期旧石器時代人が入手できた木の実

旧石器時代の遺跡が発掘されると，その当時の自然環境を理解する1つの手段として，遺跡から採取された炭化材のほか花粉の理化学的分析が専門機関に委ねられることがある。その結果，樹木や草の名前が判明すると報告書に掲載されるのだが，その中で注目したいのは縄紋時代人も食べた木の実である。

〈ク　　　リ〉

発掘調査報告書によると後期旧石器時代の長野県仲町遺跡（長野県埋蔵文化財センター編 2004），岩手県下嵐江遺跡（岩手県埋蔵文化財センター編 2013）からはクリ材の炭化物が発見されているし，北海道美利河1遺跡（北海道埋蔵文化財センター編 1985a），神奈川県吉岡遺跡群からはクリの花粉が検出されている。自然科学的な分析によって明らかになったそれらの事実は，クリの木が生育していた環境の中で生活した後期旧石器時代人がいたことを物語る。クリにはトチのような「あく」がないから，彼らは秋に落果した実を拾い集めて盛んに利用したに違いない。それを食べるにあたって後期旧石器時代人は民俗事例にもあるようにクリの実の皮に切り込みを入れてから焚火の中に投じた可能性が高いが，クリの食べ方は果たしてそれだけだったのであろうか。

土器を持たない後期旧石器時代人がクリを煮て食べたはずがないと考えるのは考古学界の常識であろう。しかし民俗的技術や民具を参照する自分の考えは別で，彼らは生活圏内で入手できる樹皮素材を使って，貝殻などよりも大容量の「水を漏らさぬ容器」を作り，クリその他を煮て食べることができたであろうと見る。その容器については後述する。

〈どんぐり〉

長野県貫ノ木遺跡（長野県埋蔵文化財センター編 2000a）・長野県日向林B遺

跡（長野県埋蔵文化財センター編 2000b）・長野県仲町遺跡・静岡県初音ヶ原遺跡（三島市教育委員会編 1999）・岩手県下嵐江遺跡・北海道ピリカ遺跡（今金町教育委員会編 2002）・北海道美利河 1 遺跡・鹿児島県桐木耳取遺跡（鹿児島県立埋蔵文化財センター編 2005）・宮崎県勘大寺遺跡（宮崎県埋蔵文化財センター編 2007）などからはコナラ属とかコナラ亜属と同定された樹木の炭化物や花粉が検出されている。コナラ亜属とはコナラ，ナラガシワ，ミズナラ，カシワ，クヌギ，アベマキ，ウバメガシなどのことである。神奈川県吉岡遺跡群からはコナラ亜属のほかアカガシ亜属・マテバシイ属の花粉が検出されている。

　上のような自然科学的事実に基づくと，そうした「どんぐり」の樹木が生育している環境の中で暮らした後期旧石器時代人がいたことは事実である。彼らは秋に落果した「どんぐり」を採集し，種類によってはクリのように煮て食べたであろうし，「あく」がある種類は，後述するように「水を漏らさぬ容器」を使って「あく抜き」処理をしてから煮て食べたであろうと理解したい。

〈ト　　　チ〉

　長野県貫ノ木遺跡・岩手県下嵐江遺跡・北海道ピリカ遺跡などからはトチノキ（以下，トチとする）の木の炭化物が検出されている。神奈川県吉岡遺跡群からはトチノキ属の花粉が検出されている。だからトチの実が拾えるような環境の中で生活した後期旧石器時代人がいたと認識したい。トチは「あく」を抜かない限り煮ても焼いても食えないが，後期旧石器時代人は後述するように「あく抜き」を行って，トチの実を食べた可能性を排除できない。

　これらの木の実のうち，「あく」があるものは，どうにかして「あく」を抜く手立てを講じたのではないか，と理解したい。彼らは「あく」を抜くために水を漏らさぬ容器を必要としたのではないかと想像する。

2　後期旧石器時代人の「あく抜き」技術推察

　トチの「あく抜き」技術に関する先行研究の見解は縄紋時代前期あたりまでしか遡らないというものだが，自分は通説に異を唱え，鳥浜貝塚から出土した大きく剝かれたトチ皮を根拠として縄紋時代草創期まで遡ると論じたことがある（名久井 2006）。後期旧石器時代の遺跡からトチは 1 点も発見されていないが，それは実や皮が土中で消滅してしまったためであると理解し，実際には利

用されたと推察して，ここでも民俗事例を参照した考察を続けてみたい。

　後期旧石器時代の「あく抜き」方法について，自分の考え方はこうである。この列島で暮らしてきた人々が行ってきた「どんぐり」やトチの実の「あく抜き」方法の痕跡は民俗事例に見出される。それは本書の姉妹編『食べ物の民俗考古学—木の実と調理道具—』第4章で述べたように，「発酵系」「水晒し系」「はな（澱粉）取り系」「灰汁合わせ系」の4種に整理される。いま，土器を所有していなかった後期旧石器時代人の「あく抜き」方法を推察するのであるから，参照すべき民俗事例から，鍋などで加熱処理を行う「灰汁合わせ系あく抜き」を除外する。さらに後期旧石器時代には水を通す布，それで作った濾し袋のような織物が使われていたとは考え難いので，民俗例の「はな（澱粉）取り系あく抜き」も参照の対象から外す。すると後期旧石器時代人が行った可能性があるものとして残るのは「発酵系あく抜き」と「水晒し系あく抜き」である。このうち「発酵系あく抜き」については民俗事例の埋土発酵に通じるものとして，後期旧石器時代の遺跡から検出される土坑の中にその痕跡が発見されないか注意する必要があるが，これまでのところ全く検出されていない。

　秋に「どんぐり」類やトチを採集することができた後期旧石器時代人が，これを食べるために行ったであろう「水晒し系あく抜き」方法の1つは，民俗事例を参照すると，皮を除いた実を粉砕し，その上に沢水を落とす，あるいは流水の中に晒すという方法だったのではないかと推測する。あるいは粉砕した実を水と一緒に「水を漏らさぬ容器」に入れ，茶色の水が出なくなるまで何度も水を替えるという方法も行われたのではないかとも推察される。

3　後期旧石器時代人による木の実の搗き潰し

　本書の姉妹編『食べ物の民俗考古学』第1章第2節で述べたとおり，縄紋時代草創期には「どんぐり」を乾燥状態で保存する方法が定着していたことを意味する剝き身や「へそ」が複数の遺跡から発見されている。しかし後期旧石器時代の遺跡からは「どんぐり」を含む木の実を乾燥処理した物証は全く発見されていない。それでも，自分が注目したいのは「どんぐり」の皮に備わっている，クリやトチの皮とは異なる自然科学的特性である。すなわち日向に落ちた「どんぐり」の中には自然乾燥によって皮が割れているものが珍しくない。そ

の自然現象からヒントを得て，後期旧石器時代人が日向で「どんぐり」類を干し，それを手で揉む，ないし竪杵状の工具で搗いて皮を剝いた可能性は高いと推察する。皮を除いた「どんぐり」が「あく抜き」を要しない種類であったら焼いたり煮たりして食べたであろうし，「あく抜き」を要する種類であったなら，まず実を粉砕しなければならなかったと思われる。民俗例を参照すると，実が丸のままよりも粉砕した方が「あく」が抜けやすいからである。

　縄紋時代人が「どんぐり」やトチの皮を剝く，あるいは搗き潰すために用いた石器として自分が注目したのは本書の姉妹編『食べ物の民俗考古学』第2章で扱った「搗き台石」であった。その台石には飛び散り防止用の筒状製品を併せ用いたと推察したところだが，同様にして用いる台石を後期旧石器時代人も備えていたことは同書図2-7に挙げた宮崎県牧内第一遺跡例ほかの諸例に関して論じ，また，石杵の存在も指摘したとおりである。この列島で暮らした後期旧石器時代人は「搗き台石」の上や周りに飛び散り防止用の筒状の用具を立て，その中に「どんぐり」やトチを入れて，石杵や木の棒で搗いて，皮を剝いたり搗き潰したりしたであろうと推察する。そのような石器を用いて彼らが搗いたのが生の「どんぐり」やトチであったか，あるいは乾燥させたものを水に戻して柔らかくしたものであったかわからないが，いずれにせよ彼らが備えていた道具で粉砕することは可能だったから，次の「あく抜き」工程へと進むことも可能だったと思われる。「あく抜き」は流水に晒す方法のほか「水を漏らさぬ容器」を利用する方法が考えられるが，後期旧石器時代人は果たしてそのような容器を持つことができたのであろうか。

第3節　後期旧石器時代人は 「水を漏らさぬ容器」を製作できたか

1　後期旧石器時代人の 周りにあった樹皮素材と，その物理的性質

　自然科学者によって後期旧石器時代の遺跡から得られた炭化材や花粉の分析によって同定された植物の中から，ここで注目したいのは樹皮製民具に使用例が認められる次のような樹種である。

〈シナノキ〉

　岩手県下嵐江・神奈川県吉岡遺跡群・北海道美利河1・北海道ピリカその他の遺跡からシナノキの炭化物が検出されている。

　シナノキの樹皮は幅広く横から剥ぐこともできるし（図6-4-1），縦にも剥げるから，各様の民具が作られてきた。例えば帯状に整えた素材を組んで背負い籠（図1-8-2）や腰籠を作る格好の素材として多用される。「みの」のほか，各種の縄（図6-4-2）や糸にもした。その糸を織って布にし，袋を作ることもできた。

〈トネリコ属〉

　長野県貫ノ木・長野県仲町・宮城県山田上ノ台（仙台市教育委員会編 2003）・岩手県下嵐江・神奈川県吉岡遺跡群・北海道ピリカ・北海道美利河1・鹿児島県桐木耳取その他の遺跡からトネリコ属が検出されている。

　トネリコ属にはシオジ・ヤチダモ・マルバアオダモ・トネリコその他があるが，岩手県北上山地ではマルバアオダモの樹皮を幅広く縦に剥ぎ，「裏見せ横使い」にして「蚊いぶし」を作った（図3-2-5）。

〈サクラ属〉

　長野県貫ノ木・長野県日向林B・長野県仲町・神奈川県大和配水池内（大和市№199遺跡発掘調査団編 2008）その他の遺跡からサクラ属が検出されている。

　サクラ属のヤマザクラ，オオヤマザクラの樹皮は幅広く横に剥げるので（図6-5），断面がU字形に開いた筒を必要な長さに切り，その湾曲を活かして端どうしを綴じ合わせると筒が簡単にできる。自分が掲き台石の飛び散り防止用に立てられたと推察し実験に使った筒（姉妹編『食べ物の民俗考古学』図2-5）はそのようにして作った。民具では，幅広く剥いだ長い樹皮を二つ折のようにして「入れもの」（図6-4-3）を作った。あるいはそれを適切な長さに切り，木口側の端に切り込みを入れて上に折り立て，湾曲が残っている側の縁と綴り留めて図6-4-4のような箱を作った。図6-4-5は自分が必要で作ったものなので民具ではないが，ヤマザクラの樹皮は表皮を器の内側に向けて使うこともできるという例示である。

　アイヌ民族が幅広く剥いだヤマザクラの樹皮で「水の洩れない容器」を作り，「なべ」として調理に使ったことは後述する。またヤマザクラの表皮は螺旋に

長く剝ぎ取ることができるので，中部地方の民具にはテープ状に整えた素材を縦横に組んで作った背負い籠がある（図6-4-6）。

〈カエデ属〉

長野県貫ノ木・長野県仲町・岩手県下嵐江・北海道美利河1・神奈川県吉岡遺跡群その他の遺跡からカエデ属が検出されている。

カエデ属のウリハダカエデの樹皮は縦にも横にも剝げるものだから民具では［せった］や背中当て（図6-4-7）のほか，雨具として使う［みの］（図6-4-8）を作ったし，その際，細工物には不要な表皮を捨てずに［たいまつ］として使った。

〈サワグルミ〉

北海道ピリカ・岩手県下嵐江その他の遺跡からサワグルミが検出されている。神奈川県吉岡遺跡群からはクルミ属が検出されている。

サワグルミの樹皮も図6-7-1のように横から幅広く剝ぐことができるので，民具ではその湾曲を押し広げ，天地側の木口に，全体の幅よりも幾分短めの縁を綴り留めて湾曲が戻らないようにして，戸板，壁の代わり，蒸し終わったヒエやクリ，キノコなどを乾燥させるときに使う浅い「かばとうか」（姉妹編『食べ物の民俗考古学』図1-18-3）などを作った。幅広く剝いだサワグルミを使って大型の曲げ物（図3-2-1）も作った。

〈オニグルミ〉

新潟県荒屋遺跡の土坑からはオニグルミの殻の破片が発掘されているし，岩手県下嵐江遺跡，北海道美利河1遺跡からはクルミの花粉が採取されている。

民具ではオニグルミの樹皮は横から幅広く剝げる性質を生かして［かば箕］（図6-4-9）を作ったり，それをテープ状に整えてから組んで背負い籠を作ったりした。

〈ケヤキ〉

長野県貫ノ木遺跡・神奈川県吉岡遺跡群からケヤキが検出されている。

ケヤキの樹皮も横から幅広く剝ぐことができるので，湾曲を活かして曲げ物（図3-1-1・2）を作った。北上山地では横剝ぎにした1枚皮に切り込みを入れて曲げ，要所を綴って［かば箕］（図3-3-1）を作った。

〈ニ　レ　属〉

　長野県貫ノ木・長野県日向林Ｂ・北海道美利河１・北海道ピリカ遺跡その他の遺跡からニレ属が検出されている。

　ニレ属にはアキニレ・ハルニレ・オヒョウがある。アイヌ民族がオヒョウの樹皮から繊維を取って織り，衣服を作ったことはよく知られている。その織物に使う樹皮繊維は長いにこしたことはないから，樹皮をできるだけ長く採るため，幹から縦剥ぎにした。しかし，その様子から推察すると，季節さえ適切なら，オヒョウの樹皮は木質部（形成層）から横剥ぎに幅広く採ることが可能と思われる。アイヌ民族は内皮を縦に裂き，繊維を取って糸にしたが，糸にできる繊維なら縄にすることも容易だろう。

〈ヤ　ナ　ギ　属〉

　神奈川県吉岡遺跡群から花粉が検出されている。ヤナギ属を使った民具では［やなぎ行李］が知られているが，細い部分の樹皮が使われることがあった。図５-７-３の［わらじ］はヤナギ属の樹皮を材料としている。

〈ブ　ド　ウ　属〉

図６-４　後期旧石器時代人の周りに存在した樹皮と同一素材の，民具に見る利用例

１横から幅広く剥ぎ取ったシナノキの樹皮

　神奈川県吉岡遺跡群から花粉が検出されている。ブドウ属を使う民具で最も多用されるのはヤマブドウの蔓皮で，長く剥ぎ採った皮を縄になうとか，縦横に組んで（図６-４-10），あるいは編んで［籠類］や［はばき］を作った。図５-７-１，同２の［わらじ］はヤマブドウの蔓皮で作られた。

〈カ　バ　ノ　キ　属〉

　長野県貫ノ木・北海道美利河１・神奈川県吉岡遺跡群その他の遺跡からカバノキ属が検出されている。

　カバノキ属にはウダイカンバ・ネコシデ・ダケカンバ・シラカンバ・オノオレカンバ・ミズメ・チチブミネバリその他

2 シナノキ樹皮製の［背負い縄］

4 サクラの樹皮製箱形容器　縦22.7cm　横23.4cm　高8.7cm（長内三蔵氏所蔵，岩手県立博物館編1991）

3 サクラの樹皮製容器　口径36.8cm　高61.3cm（上村四郎氏蔵，岩手県立博物館編1991）

5 表皮を内側にしたヤマザクラ樹皮製箱形容器

6 サクラの樹皮製背負い籠(高山市教委所蔵)

7 ウリハダカエデの樹皮製［背中当て］ 縦12.3cm
横36.8cm 高さ41.7cm(内間木安蔵氏所蔵，岩手
県立博物館編1991)

9 オニグルミの樹皮製［かば箕］ 長さ44.4cm 幅58.3cm 高
さ21.3cm(岩手県立博物館編1991)

8 ウリハダカエデの樹皮製［みの］ 長さ
113.8cm 幅77.0cm(岩手県立博物館編
1991)

10［ねこがき］（背負い籠）（ヤマブドウの蔓皮
製） 長さ45cm 幅39cm 厚さ19cm（岩手県葛
巻町小田民俗資料館所蔵，名久井文明・名
久井芳枝2008）

11焚き付け用に剝がれたシラカバ樹皮（岩
手県平庭峠にて）

がある。

　民具では北上山地では幅広く横に剝いだウダイカンバの樹皮で筒型容器を作
った。アイヌ民族はウダイカンバの樹皮を幅広く剝ぎ取り，要所を切ったり曲
げたりして止めて柄杓を作ったという。またアイヌ民族は小屋掛けをした際に
屋根に葺いた（前掲拙著120頁）。岩手県北上山地でも下屋の屋根にシラカンバ
の樹皮を葺いた例を見たことがある。また，ダケカンバ・シラカンバの樹皮は
油分を含んでいるらしく良く燃えるので焚き付けとして使われた。その痕跡と
して北上山地のシラカバ林では表皮が横から幅広く剝ぎ取られている景色が珍
しくない（図6-4-11）。寒冷気候の中での燃料や焚き付けとして重宝された
ことが推察される。北上山地では，夜間の川漁で魚を突く際にシラカバの樹皮
を螺旋状に巻いたものを［たいまつ］のようにして使った。アイヌ民族は幅広
く剝いだシラカンバの樹皮で椀や矢筒を作った。

　言うまでもないが，図6-4に各種の樹皮製民具を挙げたのは，この列島で
暮らした後期旧石器時代人が，これらの民具と同じようなものを製作したとい
う意味ではない。専門家による理化学的分析に基づくと，後期旧石器時代人の

生活圏内には，図6-4に挙げた諸種の樹木が生育している所があったという自然科学的事実と，それらの樹皮や蔓皮は例示した民具のような製作に耐えられる物理的性質を有していた，という民具学的事実を例示したのである。自分はそれらの樹皮の不変の物理的特性を踏まえて，後期旧石器時代人が「水を漏らさぬ樹皮製容器」を作ろうと意図したなら，その製作を可能とする樹皮を入手できたと考えるのである。

　しかし，この列島で暮らした後期旧石器時代人が樹皮を使った証拠は発見されていないではないかという指摘があるかも知れない。だが，それは縄紋時代の諸遺跡から獣骨が発見されても毛皮が発見されていない（から毛皮を使ったとは考えられない）と言うのと同程度の指摘に過ぎない。直接証拠が発見されていなくても，必要性があり，使いでのある樹皮素材が入手でき，加工用具や技術力があれば利用されたであろうと，自分は推察するのである。では，彼らにはそのような有用の樹木に向き合って樹皮を入手し，実際に「水を漏らさぬ容器」を製作する技術があったのか，もう少し推理してみよう。

2　後期旧石器時代人が持っていた樹皮採取用具

　平成8（1996）年7月7日，岩手県川井村（当時）小国の，雑木がチップ用に売り渡されることになっている山中で，地元の水無辰巳さん（明治45年生まれ）と高屋多喜男さん（大正15年生まれ）にヤマザクラの樹皮を剝いでいただく機会があった。その折，自分は高屋さんが鋸や鉈を使って横剝ぎ型剝離法で剝いだ後の樹幹に残っている樹皮をそのままにすることを惜しみ，取材関係者を含む数人が見守る中で，試みに縄紋時代の遺跡から表面採集した携帯用紐付き石小刀（いわゆる石匙）で切り回してみた。細かな剝離が並ぶ石小刀の刃部が，鋸の「あさり」と同じ働きをするのか，樹皮は難なく切り回すことができた。その切れ味は樹皮を縦に切り開く場合も変わらなかった。そのようにして切り込んだ縦方向の切れ目に石小刀をこじ入れ，ちょっとした［へら］の助けを借りてほんのわずかでも樹皮を浮かすことができると，あとは素手で容易に剝ぐことができた（図6-5）。

　自分は旧石器に似せた石器が作れないので，でたらめに打ち割って得た石片でも同様に試してみた。その折の経験を踏まえて言うのだが，梅雨どきから初

図6-5　石小刀で剝いだサクラの樹皮（宮古市〈旧川井村〉小国にて）

夏までの季節なら，後期旧石器時代人のように，ある程度鋭利な数cmの刃部を持つ1箇の石片を使うなら，彼らにとって図6-4に挙げた民具の製作に用いられるのと同様の幅広い樹皮素材を得ることは決して困難ではなかったと断言できる。すでに触れたように容器の概念をもち，樹皮を剝ぎ取る石器も持っていた彼らは「水を漏らさない容器」の材料となり得る幅広い樹皮を得ることができたと理解してよいのである。では彼らは実際に「水を漏らさぬ樹皮容器」を作る技術をもっていたのであろうか。

　その製作技術に関して，どうしても見ておかなければならないのが明治時代のアイヌ民族が使用した［樹皮なべ］である。それが樹皮で製作された「水を漏らさぬ容器」であると同時に「なべ」として火に掛けることができる容器でもあったからである。

第4節　調理に使える「水を漏らさぬ樹皮製容器」

1　アイヌ民族の「樹皮なべ」

〈ジョン・バチラー〉

　アイヌ民族が作り，使った「樹皮なべ」の存在を初めて刊行物で世に知らしめたのは，明治10（1877）年に来日し，宣教師として主に北海道でアイヌ民族にキリスト教を伝道する傍ら，アイヌ文化について調査，研究したジョン・バチラーである。明治33年に東京の教文館から刊行された『アイヌ人及其説話』によると，バチラーは「樹皮なべ」について次のように書いているという。

　「山の狩猟で遠くに出掛けたとき，アイヌは食べ物を料理する鉄製の鍋がなに一つなくても，サクラの樹皮で，柄のついた深い鍋を作るのを見て，私は驚いた。図（略）は，現在私が所有しているものの写真である。このような鍋を水で満たして，それに料理される魚や野菜を入れ，それからとろ火の上で食べるのに適するまでゆっくりとぐつぐつと煮る。樹皮が燃えきらないのを見て，私は驚いた。しかし注意すれば，このような鍋は三度使えると，私はかたく信じている」（ジョン・バチラー 1995）。バチラーはこのように書いて「樹皮なべ」の写真を添えた（図6-6-1）。

　その一方で，人類学，先史学研究の視点から「樹皮なべ」に着目した先人たちがいた。

〈名 取 武 光〉

　名取武光は昭和14（1939）年に『人類学・先史学講座』に寄せた「北海道の土器」の中で「樹皮なべ」について次のように述べている。「内耳鍋と内耳土鍋の外に，アイヌの土俗品でニトッシュと呼ばれる樹皮で造った鍋がある（図略）。其の中には蔓を以って内耳を造ったものがあり，丁度内耳鍋や内耳土鍋と同じ拵へで，近年迄狩の時山中等で煮炊きに用ひられて居たが，此の物の使用の古さが残された問題である」というのである（名取武光 1972）。

　名取が言う「内耳鍋」も「内耳土鍋」も素材は不燃性だが，「樹皮なべ」を作った素材は可燃性である。彼が，「内耳土鍋」と「樹皮なべ」という，材質が対照的な両者の機能が共通していることに目を止めて，それを「北海道の土

器」というタイトルの中で取り上げていることは重要である。名取の視線は鉄
鍋，土鍋以前を見通そうとしていたと思われる。なお名取は「北海道帝国大学
博物館所蔵」の「内耳樹皮鍋」の写真を馬場脩に贈った。

〈馬場　脩〉

　昭和初期から半世紀にわたって，樺太・千島方面の考古学，民俗学的調査，
研究を行った馬場脩は昭和15年に『人類学・先史学講座』第17巻に寄せた「日
本北方地域及び附近外地出土の内耳土鍋に就いて」という論文の中で，「樹皮
なべ」について次のように記述している。

　「アイヌ樹皮鍋（ニートッシュ）のあつた事は樺太の多蘭泊のアイヌ遠藤千代
吉氏から聞いた事があつた。氏の語る所に依れば，多く狩猟のため山へ出掛る
時一時使用するもので，現場で多く樺皮を以つてつくると言ふ事である。如何
に炎が強くとも，水気のある間は決して樹皮と言へども焼焦することもなく，
煮沸中は蓋をとらぬ事と水気が少なくなった時に火力を弱める事等は鉄鍋に於
けると同一であつて，大変好い飯が焚ける旨を語られた事があつた。図（本書
図6-6-2：名久井註）に示すものは此のニートッシュで，北大附属博物館所
蔵のもので，名取武光氏の恵送された写真を杉山氏にスケッチして貰った図で
あるが，現品は北海道アイヌの製品で桜皮を使用し，長32㎝，高は蔓の高を含
めて23cmの物である。一枚の樹皮を両側にしぼめて，内側に一本細長い板を附
し，樹皮と三ケ所結んで，糸の耳を附し，これが内耳をなして，これに蔓を附
するのである」と，図を添えて紹介した（馬場脩 1979）（図6-6-2①）。

　馬場は「樹皮なべ」の製作，使用経験者と思われる樺太アイヌから，それは
山中で応急的に作ること，素材が樹皮でも水気がある間は焼損せず，たいへん
好い飯が炊けることを聞き取った。さらに馬場は北海道帝国大学附属博物館所
蔵の，北海道アイヌの製品を観察して，それがサクラの樹皮を使って，どのよ
うに製作されているかを記載している。馬場もまた「内耳土鍋に就いて」と題
する論文でこれを取り上げているから，その眼差しは名取のように土器以前に
向けられていたのではないかと思う。

　自分は先般，北海道大学植物園・博物館で，名取武光が馬場脩に贈った写真
の原資料を見せていただくことができた（図6-6-2②）。しかし担当の加藤克
さんによれば，これを，どこのアイヌが，どんな季節に，どのように樹皮を剝

いで，どんな用具を使って製作したか等の記録は北海道大学の博物館にも残っていないという。そういう意味では馬場脩の上の著述は，この資料について触れた唯一の文献として貴重である。なお以下の記述にあたっては，馬場がスケッチで紹介した，この北海道大学植物園・博物館所蔵資料を「北大博物館資料」と略記する。

〈使 用 方 法〉

　上に挙げた「樹皮なべ」に関するわずかな記載によると，アイヌ民族が作るそれは，普段，住居内で使っている内耳の付いた鉄鍋や土鍋とは製作素材も使う場所も全く異なるものであって，狩猟その他の業務で入った山中で応急的に立ち木から樹皮を剝ぎ取り，作り，用いたものであった。

　これらの「樹皮なべ」の使用方法を推察できる唯一の手掛かりは口縁部に取り付けられた弦であると思われる。バチラーや馬場が記載した樹皮鍋は容器の一部分を綴った紐を利用して弦を付けているが，その素材は「北大博物館資料」では1本の蔓，バチラー例では又のある4本の小枝であるらしい。ただしその取り付け場所は異なっていて，「北大博物館資料」が樹皮鍋の内側に取り付けているのに対してバチラー例は外側に取り付けている。いずれの場合も，弦の最高部が単なる持ち手よりも高いところに位置しているから，木を燃やしたときの炎の上に吊って用いるための製作であったと理解できる。

2　「樹皮なべ」の起源

　アイヌ民族の「樹皮なべ」の起源を探究するために観察すべきは，その製作方法であると思われる。北海道アイヌの「樹皮なべ」の製作について，バチラー例の写真と「北大博物館資料」を観察すると，共通点と相違点がある。

　①共に横剝ぎ型剝離法で得た幅広いサクラ樹皮を用いている。

　②共に樹皮の外皮側を「樹皮なべ」の内側に向けて製作している。

　③共に木口側の縁辺に切り込みを入れず，折り曲げることだけで成形している。

　④共に上方から吊り下げて用いるための弦を付けている。

　このような共通点の一方で明らかに相違しているのが，③の木口側の両端を形成した造形技術である。バチラー例では先に木端側の縁辺を互いに引き寄せ，

その後で木口側の縁辺を上方に曲げて起こした後に要所を綴り留めている。これに対して「北大博物館資料」は逆で，先に木口側の縁辺を上方に曲げて起こしてから，その後で木端側の縁辺を互いに引き寄せ，合わせて綴っている。前後関係がそのいずれであっても，水を漏らさない「樹皮なべ」を製作することができたということである。

〈アイヌ民族の木皮舟〉

現場で応急的に作られた樹皮製容器に共通するものとして，もう1つ目配りしておきたいのが，アイヌ民族の木皮舟である。この貴重な報告（犬飼哲夫 1939）でとくに注目したいのが，厚さが4cmもあるシコロの樹皮の木口側の端を曲げようとして，焚き火で温める作業を記述した後に

図6-6　アイヌ民族の樹皮利用とその前史

1 樹皮なべ（ジョン・バチラー1995）

2①樹皮なべ（スケッチ）（馬場脩1979）

記された，犬飼哲夫による次の説明である。「先ず皮の端の中心を持って内部に曲げ乍ら折り込む。次に皮の両側端は二重になるがこの部分は最初に内部に折り込んだ部分の外側に両側から折り畳んで此処に完全な箱形の一端を作り，斯くして両端を折り畳んで大体の舟型が得られるのである」として，その部分の内外面のスケッチ図を添えた（図6-6-3）。すなわち幅広く取ったシコロの樹皮を用いて製作する木皮舟の木口側の端に施されたこのような造形手順はアイヌ民族の「樹皮なべ」のうち「北大博物館資料」と共通している。

図6-6-2　②樹皮なべ（北海道大学植物園・博物館所蔵）

　「樹皮なべ」と木皮舟は，どちらも水漏れを避けなければならない樹皮製の「入れもの」という点で共通している。両者は製作目的も樹種も，樹皮の大きさも厚さも全く異なっているが，まず木口側の端を上に起こすという製作手順が同じである事実は興味深い。このように木口側の端を上に起こして始末する際に刃物さえ使わなければ水を漏らすことがないという知識に基づいた作例は，次のように縄紋時代にも見出すことができる。

〈忍路土場遺跡例〉

　縄紋時代後期の北海道忍路土場遺跡出土例は最長部が9 cm余という小さな樹皮製容器でウルシの樹液のようなものを入れるために使われたものだが，縄紋時代人が「水を漏らさない樹皮製容器」を製作することができたことを物語る物証である。報告書によると，この樹皮製容器の素材はガンピと称されるカンバ類の樹皮（樺皮）であるという（図6-6-4）。この忍路土場遺跡出土の樹皮

製容器で注目したいのは，両端の造形にあたってまず木口側の樹皮の縁辺を上方に折り曲げるように立てた後，それぞれの両脇にある木端側の両縁辺を，互いに接する近さまで引き寄せていることである。この例のように先に木口側の端を上に起こす点はアイヌ民族の木皮舟や「樹皮なべ」のうち馬場が記載した例すなわち「北大博物館資料」と共通している。ただ，忍路土場遺跡出土例に要所を綴った痕跡が認められないのは，製作当初，木口側の両端で搾り上げた樹皮の上端どうしを連絡する持ち手が付けられていたと推測されるから，固定はそれで十分だったのであろう。見るべきは本体の方である。

〈石狩紅葉山49号遺跡例〉

この忍路土場遺跡例よりもやや大きな（最長部22cm弱）樹皮製容器が縄紋時代中期の北海道石狩紅葉山49号遺跡から壊れた状態で発掘されている（石狩市教育委員会編 2005）。掲載写真の都合により転載を見送るが，報告書によるとそ

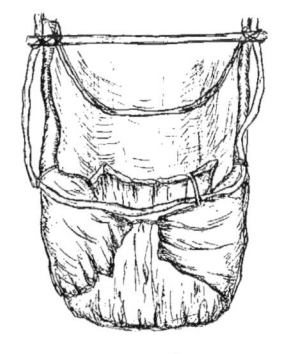

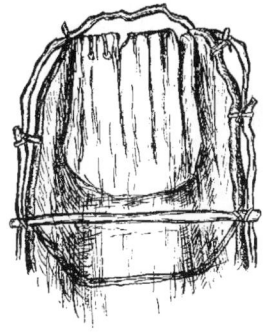

3 木皮舟（犬飼哲夫1939）

4 縄紋時代後期 北海道忍路土場遺跡　樹皮製容器（北海道埋蔵文化財センター編1989）

の素材は広葉樹の樹皮だがカンバ類ではなさそうであるという。報告書に掲載されている，取り上げ前の写真を見ると，横剥ぎ型剥離法で得た幅広い樹皮の，木口側の縁辺を折り曲げるようにして立てた後，それぞれの両脇にある木端側の両縁辺を曲げて立てた両角を引き寄せることで容器を形成しているように見える。したがってこの石狩紅葉山49号遺跡例の製作手順は，アイヌ民族の「樹皮なべ」や木皮舟，および忍路土場遺跡例のような水を漏らさぬ樹皮製容器の製作方法が少なくとも縄紋時代中期までは遡ることをうかがわせる。

第5節　「水を漏らさぬ樹皮製容器」の機能確認実験

アイヌ民族の使用例に示唆を得て，土器が発明された背景には「樹皮なべ」が関わっているのではないかと見た自分は，「樹皮なべ」で実際に食物を煮ることが可能なのか，何とか自分の眼で確かめたかった。そこで樹皮製容器を鍋として使う民具がないか探索したが，どうしても見つけることができなかった。それだけに沖縄県にクバの葉で作る［クバなべ］（図6-2）があることは甚だ印象深かったのである。自分は，アイヌ民族が過去に使った「樹皮なべ」と同じようなものは，古くには列島中にあったのではないかと想像する。それが本州では長い年月の間に失われたが，北海道では辛くもアイヌ民族の民具としてその姿を留めたのではないかという想像である。

現行の民俗的事例を探し当てることができないなら自分で作って機能を試してみるしかないと，自分は樹皮の入手に動き始めた。

1　「なべ」として使用可能な樹皮製容器の製作実験

平成7（1995）年6月のことだったが，岩手県九戸郡山形村（当時）小国の奥まった集落に，当時の国策による「ふるさと創生一億円」の中から予算が配分されて集会所が建てられることになり，そこに電線を引く妨げになるからと1本のサワグルミが伐り倒された。自分が見たそれは伐ってから1週間ほど経っていたが，その幹から，地主の内間木安蔵さん（大正12年生まれ）に樹皮を剥いでいただいた（図6-7-1）。その木は直径約40cmで，下端からおよそ5mの間は枝もなく真っ直ぐであった。内間木さんから指導していただきながら，

その樹皮を，まず約90cmの幅に鉈で切り回し，側面にも切り込みを入れ，そこに鉈の頭，あるいは［へら］を挿し入れて，横からあおるようにしながら樹皮を内皮まで剝いだ。樹皮の厚みは平均約6mm。さらに同じ幹から数枚の樹皮を取り，樹皮鍋を製作するまでの数日間，水に漬けて保存し，後日，4個の容器を製作した。製作方法の概略は次のとおりである。

　●吊り下げて火に掛ける樹皮「なべ」の製作●　アイヌ民族の「樹皮なべ」のように火の上に吊り下げて使う「水を漏らさぬ容器」を作るのに必要なのは要所を綴じる紐と，それを通す工具である。自分が意図するのは後期旧石器時代人の技術力でその製作が可能であることを確かめることであったから，綴じ紐も，工具もなるべく自然物を使うことにした。

〈シカの角で開ける紐通し孔〉

　すでに「水を漏らさぬ容器」の概念をもっている後期旧石器時代人が幅広く採った樹皮を入手したと想定すると，各所を綴り止めるためには，どうしても要所に孔を開け，紐で綴る必要があることは今も昔も変わらないだろう。そのとき自分は針を作らなかったので，先端を砥石で鋭く研いだ若いシカの角を使って樹皮の要所に孔を開けた（図6-7-2④）。

〈要所を綴るクルミの樹皮紐〉

　開けた孔に通して綴る紐にはオニグルミの「ひこばえ」から縦に剝いだ樹皮を使った。この素材は乾くと簡単に折れるが，いったん濡れると強靱きわまりない綴じ紐に変化するから，樹皮製容器を作る際にはこれ以上の素材がないと思えるほどである。前項で触れたように新潟県荒屋遺跡からオニグルミの殻の破片が出土しているほか，本章第3節で触れたように旧石器時代の複数の遺跡からクルミ属の炭化材または花粉が検出されているから，後期旧石器時代人はクルミの実だけでなく，その「ひこばえ」から強靱な綴じ紐も入手できたと見てよい。もちろん繊維植物も使ったであろう。

〈水を漏らさない樹皮製容器の製作〉

　前項で述べた縄紋時代中期の石狩紅葉山49号遺跡出土例も後期の忍路土場遺跡出土例も近現代のアイヌ民族の木皮舟や「樹皮なべ」もすべて水を漏らさないように作っている。そのような容器を作ろうとしたら，樹幹から幅広く横剝ぎに採った樹皮の一枚皮を使うしかない。それは脇が開いた筒のような形状で

あったに相違ないから（図6‐4‐1），その両端を折り立てさえすれば容器が完成する。だから製作者が直ちに取り掛かったのは木口側の端を折り立てることだったに違いない。そのときに注意すべきはただ１点で，上に折り立てた木口側の端と，湾曲が残っている側の縁の間に決して刃物を入れないことである。

　⑦自分の場合は一方の木口側の端を焚火にあぶり，裏側から湯気が上がってかなり熱くなるまで加熱した。

　④熱せられて柔軟になった端の様子を見計らって，その部分を徐々に上に起こした（図6‐7‐2①）。

　⑤起こすことで形成された側壁の左右には，隣接する側壁の末端が延びた形になっているから，互いの端と端を突き合わせるように折り曲げて綴り留める（図6‐7‐2②）。留めるには述べたようにシカの角の先で要所に孔を明け，オニグルミの「ひこばえ」から採った樹皮紐で綴り留めた。

　④相対するもう一方の端にも同じ加工を施した（図6‐7‐2③）。

　⑦こうして全体の形が出来上がったら，口縁部上端内面に補強材として細い枝を廻す。この綴り留めに使う工具も紐も先刻の場合と同じである（図6‐7‐2⑤）。

　⑥口縁部上端内面を巡る補強材上の３か所に吊り紐を取り付ける。紐には民具の縄（図6‐4‐2）を作るのに多用されるシナノキ樹皮の素材がふさわしいが，このときは簡便に有り合わせの園芸用シュロ縄を使った。こうして製作した容器の寸法は，長さ44〜56cm，幅36〜44cm，器高12〜20cmであり，容量は約5000〜8000ccであった（図6‐7‐3）。これらは吊り紐を付けると炎の上に吊り下げて「なべ」として使えるが，焼礫の上に直置きしても実験することができた。これらとは別にヤマザクラの樹皮で直置き用の容器も作ることにした。

　●焼礫の上に直置きして用いる樹皮製容器の製作●　直置き用の樹皮製容器を作る手順は前項の場合と同様だが，異なるのは底部を小さくしたことである。その製作を意図したのは或る高名な考古学者の助言を受けたことが大きい。それは平成８年５月のことだったが，早稲田大学で開催された日本考古学協会第62回総会の研究発表会で，自分は「樹皮製容器の機能を探る─樹皮鍋を用いた調理実験─」と題して，前項の吊り下げ型容器でゴボウやジャガイモが煮えるこ

図6-7　水を漏らさない樹皮製容器の製作・調理実験

1 サワグルミの樹皮を剥ぐ(岩手県旧山形村，作業者は内間
　木安蔵さん)

同　②2側面方向の端どうしを折り曲げる

2 サワグルミの樹皮で吊り下げ型の容器
　を作る。①端を上に起こす

同 ③相対するもう一方の端にも同じ加工をする　　同 ④口縁部上端内面に補強材として細い板を取りつける

とを確かめたことを発表した（名久井 1996）。発表後，会場におられた佐原真さんが手を挙げて，面白い，吊るばかりではなく土器のように直置きにした実験も行ってはどうか，と，助言をしてくださったのである。

　限られた面積の樹皮で直置き用の鍋を作るには，炎を受ける部分の面積を少しでも多くする必要があるので底を小さめに作った。このときに使った手持ちの樹皮は，微妙な加工を行うには厚過ぎ，望ましい折り曲げをすると表皮が割れることが予想されたので，水さえ漏らなければよいと木口側を折り立てて脇の端と留めるだけにした。そうして4個の容器を製作したが，その寸法は，長さ約25〜44cm，幅18〜28cm，器高15〜27cmであり，容量は小さいもので2800cc，大きなもので約10ℓであった（図6‐7‐4）。

　以上をまとめると後期旧石器時代人の中には「水を漏らさぬ容器」を作ることができる樹皮素材や強靱な綴じ紐の材料が入手できる環境下で暮らした人々がいた。彼らは樹幹から樹皮を剝ぎ取るために使える石片やシカの角のような刺突具の素材を容易に得ることができたであろう。彼らは，そのような諸条件を駆使することで，大型の貝殻を超える大容量の容器を樹皮で製作することができたであろう，というのが実験を行って得た自分の理解である。

平成8年にはこれらの樹皮製容器を用いて幾通りかの調理実験を行った。その結果については平成9年5月に立正大学で開催された日本考古学協会第63回総会の研究発表会で発表済みだが（名久井1997），その概略は次項のとおりである。

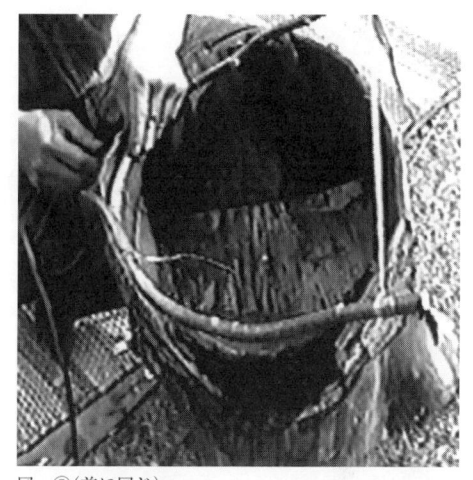

同　⑤（前に同じ）

2　「樹皮なべ」による調理実験と，判明した弱点

（1）焼礫を投入する

焚き火の中に握り拳大の石を十数個入れて焼く。樹皮「なべ」の方には水を入れ，数cmの長さに折ったゴボウ，味噌汁に入れるよりも少々大きく切ったジャガイモを入れ，これに，十分に焼けた石を市販の［火ばさみ］で挟み，

同　⑥完成

「なべ」の中に投入してみた（図6-8-1）。続けざま9個を入れたとき，水温は93度に達し，ゴボウもジャガイモも食べることができた。ただし焼礫に付着していた灰や木の燃えかすも一緒に入ったので，もしもそれを嫌うなら，ひと手間かける必要があると思われた。なお，この方法ではクリも煮て食べた。

（2）火に掛ける

焚き火の上に3本の細い木を三脚状に組み，民具の自在鉤の簡単なものを作って吊るし，これに樹皮「なべ」を下げた。水とゴボウ，ジャガイモを入れた樹皮「なべ」を火の上約30cmのところに止めて薪を加え続けたところ，12度だ

3 製作した吊り下げ型樹皮製容器の水漏れ検査

4 製作した直置き型樹皮製容器の水漏れ検査(ヤマザクラ)

った水温が40度まで上昇するのに約35分を要した。待ちかねて2個の焼礫を投入し，さらに容器を火の上すれすれまで降ろした結果，ようやく85度となり，ゴボウ，ジャガイモを食べることができたし，クリも同様にして煮て食べた（図6-8-2）。

なお，この実験を実見したのは，手伝ってくれた家族のほか，共同通信社の本社から取材に来られたK記者である。K記者は実験をつぶさに見ただけでなく「樹皮なべ」で煮たゴボウやジャガイモが実際に食べられることを自ら確かめたうえで記事を書き，後日，その記事が掲載された各地の新聞を送ってくれた。

この実験で理解できたことは，容器が樹皮製であっても，中に水が入ってさえいれば1時間半以上にわたって炎に当てても「なべ」として調理に使えるという事実である。本書ですでに触れた馬場脩が樺太の多蘭泊のアイヌ遠藤千代吉氏から聞き取った内容に通じる。しかしこの実験で確認できた2点について明記しておかなければならない。1つは炎を当てて煮る難しさである。というのは，なかなか上がらない水温を上げようとして火の勢いを強くすると，容器内の水面から出た縁を焦がし，度が過ぎると燃やすことである。焦げる心配よりも水温を上げるのが大事とばかり，構わずに火を強くしていたら，大きく燃え上がった炎が容器を吊っている紐を焼き切った。そのとたんバランスをくずした容器は大きく傾き，こぼれた水はたちまち火を消して灰と湯気を猛烈に巻き上げたという失敗もした。

（3） 焼礫の上に置いて煮る（図6-8-3）

水を入れた「樹皮なべ」を地面に置き，傍らで木を焚いたが，水温が上がるのは水面の近くだけで効率が甚だ悪かった。そこで方法を変更し，後期旧石器時代の遺跡からしばしば発見される礫群を思い出して，小盛りにした拳大の川原石の上で，やや大きく焚き火をした。石が十分に焼けたころを見計らってから炎を上げている木を取り除き，焼礫の上に直に「樹皮なべ」を置いた。そうしておいて「樹皮なべ」の縁の辺りまでは炎が届かないように加減しながら木を焚いたところ，約20度だった水温は19分後に80度に達し，激しい対流によって「樹皮なべ」の中でナラの実が舞った。その6分後には97度まで上昇し，局部的に水泡が沸いて沸騰直前の様相となった。95度の状態を15分ほど持続させ，

図6-8　「樹皮なべ」による調理実験

1 樹皮「なべ」（サワグルミ）に焼礫を投入した調理実験

2 吊り下げ型樹皮「なべ」（サワグルミ）による調理実験

3 樹皮「なべ」（サワグルミ）による焼礫上での調理実験

ナラの実が完全に煮えて食べられることを確認できた。その後，容器を下ろし，落ち着くのを待ってから見ると，水面から出ている「樹皮なべ」の口縁部が焦げて部分的には孔も開いていたが，ほとんど沸騰寸前に至った割には容器の焼損が比較的少なかった。

〈焼　　礫〉

　以上の実験をとおして最も印象深かったのは，水と食料を入れた「樹皮なべ」を焼礫の上に置いた場合の成績が良かったことである。水を漏らさぬ「樹皮なべ」は焼礫を投入した場合，ならびに十分に熱した焼礫の上に置いた場合には「なべ」として十分に機能する，というのが実験から得た自分の確信である。

　後期旧石器時代の遺跡から検出される礫群あるいはそこに見出される焼礫がどのような使われ方をしたのか諸説あるようだが，自分はその使途の1つとして「樹皮なべ」に投入されたものや十分に焼かれた後，その上に置かれた「樹皮なべ」に熱を供給した

場合もあったのではないかと思ったのである。

　上記の実験では「樹皮なべ」でナラの実を煮ることができた。そこから類推すると後期旧石器時代人たちは「樹皮なべ」を使うことで，クリやイモ類，山菜などの植物性食料はもちろんのこと，動物性食料も煮て食べることができるようになった可能性が高いと考える。土器の登場によって人々の食生活は大きく変化したと言われるし，そのとおりだと思うが，自分は煮るという調理方法は，土器が発明される前から「樹皮なべ」で行われていたのではないかと，その実験を通して確信したのである。

　「樹皮なべ」が作られるようになった時期がいつごろであったか，今のところ何とも言えないが，その必要性が高まったのは更新世から完新世へと変わる時期ではなかったかと想像しておきたい。というのは自然科学者による花粉分析その他を踏まえた研究によると，そのころは気候が温暖化し植生が大きく変化して「どんぐり」が急増したことが明らかにされているからである。そのような温暖化は地域によっては「どんぐり」ばかりでなく，クリ，トチ，クルミ，といった他の木の実の急増も招いたのではなかろうか。

　そうした環境変化は，林間にクリ，ウバユリ，クズ，ワラビ，イモ類，山菜等も増加させたのではないか。そのように変化した広葉樹林を目の前にした後期旧石器時代人たちは急増した植物食料を傍観するだけだったとは思えないから，それを有効利用する方策を探究したに違いない。

　自分は，温暖化がもたらした諸変化に対応するために獲得された技術の一つが「水を漏らさぬ樹皮製容器」の製作だったのではないかと思う。樹皮製容器は，たぶん「水晒しあく抜き」技術を革新したばかりでなく，「樹皮なべ」として動物性，植物性食料を煮て食べることを可能にするという革命的な容器となったのである。しかし，そんな「樹皮なべ」には不可避の弱点があった。

（4）「樹皮なべ」の弱点

　水を漏らさぬ樹皮製容器は「あく抜き」のために使っているだけなら問題はなかったに違いないが，火に掛けて煮る場合には致命的な弱点があった。その弱点を確認できたのも上記の実験による。

　或る実験を終えたとき，樹皮「なべ」の外観には何の異状も認められず，もう１度使えるように見えた。ところが火から下ろし，中身も空けた後，後始末

図6-9 「樹皮なべ」の弱点

消耗した後の乾燥によって「ひび」が入った底部

しながらふと見ると，底部のほぼ中央部の2〜3か所に，2〜3mm幅の裂け目が天地方向に入っており2度と使うことができないことは明白だった（図6-9）。見ると底部は当初の厚さよりもかなり薄くなっている。火に掛けて煮ている間に消耗が進行していたことは明らかだった。水が入っているときには洩れることがなかった「樹皮なべ」だが，まだ熱い湯を空けた後の余熱による乾燥が，最も消耗した底部を収縮させたために裂けたものと察せられたのである。

　上のような次第で，1つの「樹皮なべ」は2時間近く使えることはわかったが，火から下ろして湯を空けると再利用はできず，使い捨てにしなければならないという弱点が明らかになったのである。もしも，このとき湯を空けずに自然冷却を待ったなら「ひび」が入らなかったかも知れないとは後で思ったことで，そのときは実験で確かめるに至らなかった。

　上に述べた一連の実験から明言できることは2つある。まず，後期旧石器時代人は大型の貝殻よりもはるかに大容量の「水を漏らさない容器」を樹皮で製作することができたと思われる。その用途はさまざまであったと想像できるが，その一つとして「水晒しあく抜き」用の容器として使おうとしたら，それは可能であった。

　もう一つは，その容器を「なべ」として火に掛けて食物を煮ることができたことである。この場合，耐久性に問題があったが，土器以前においては食料を

煮ることができる唯一の容器だったから，彼らはその弱点と折り合いをつけながら使うしかなかったのではないかと想像する。後期旧石器時代人は「樹皮なべ」のそんな不可避の弱点にどのように対処したのであろうか。

3　土器発明への歩み
——後期旧石器時代人による「樹皮なべ」の弱点対策

　後期旧石器時代人は，「樹皮なべ」の使い方によっては焼損するという不可避の弱点に対応するため，決して燃えることがない粘土を利用したのではないかというのが自分の推察である。すなわち「樹皮なべ」に粘土を塗り付け，乾かないうちに火に掛けたなら，たちまちひび割れて用をなさなかったとか，乾いてから火に掛けたらひび割れずに硬くなった，といった発見や経験を重ねて粘土の性質に関する知識が蓄積されたのではないか。そのような過程を経て，ついに粘土が「樹皮なべ」から独立し，「やきもの」の容器として機能するようになったのではないか，というのが自分の推察である。

　土器という未曽有の人工物の発明を促したのは，結局，完新世の初め，気候の温暖化が引き起こした植生の変化だったのである。必要に応じて「あく抜き」した「どんぐり」やトチ，クリその他を煮る，それを乾燥したうえで備蓄する，乾燥させた木の実を水に戻して食べるといったことが，後期旧石器時代から縄紋時代への移行期のうちに行われるようになった可能性が高い。

　後期旧石器時代の複数の遺跡から土器まがいの破片が発掘されている。しかし，それを直ちに土器であると理解してよいものか，自分は慎重を期したい。というのは「樹皮なべ」を補強したり修理したりした粘土が焼かれたものかも知れないと思うからで，籠目が付いている可能性も含めて表面を精査する必要がある。それが土器であると判断できるのは，粘土が「樹皮なべ」から独立した場合のことで，目安となるのは口縁部が発見された場合であろう。

ま と め

・広葉樹が生育していた環境で暮らした後期旧石器時代人は，幅広く剝ぎ採った樹皮で「水を漏らさぬ容器」を作ることができたと思われる。

・彼らは，その容器で「水晒しあく抜き」をしただけではなく，「樹皮な
　べ」として焼礫を投じたり，焼礫の上に置いたり，直接火に掛けたりして
　食料を煮て食べた。
・しかし「樹皮なべ」には焼損するという弱点があったので，使用者たちは
　粘土を塗布して焼損を予防しようとした。そのような経験の蓄積が土器の
　発明につながった。

あとがき

　獲物を追って遊動する生活をしていた旧石器時代の人々は氷河時代の終わり
に気候が温暖化したことによって定住生活をするようになった，というのは考
古学界の共通理解となっている。自分がそう聞いたり読んだりしたときに必ず
思い出すのは「風が吹けば桶屋がもうかる」という戯言である。中間を思いっ
きり省略しているから戯言として可笑しいのだが，考古学を語るうえで温暖化
から一足飛びに定住を説いたなら別な意味でおかしいだろう。定住生活を可能
にした背景には，おそらく本書の姉妹編『食べ物の民俗考古学―木の実と調理
道具―』で扱った食料の「乾燥処理・備蓄」技術や「あく抜き」技術，本書で
扱った「土器の発明」の先駆けになったと推察される「水を漏らさぬ樹皮製容
器」の製作といった，さまざまな技術革新が相乗的に関連し合って余剰食料の
備蓄を増やしたことがあると予想する。定住という縄紋時代人の生活スタイル
を可能にした諸要素の根源は旧石器時代に芽生えた文化にあったという推察で
ある。

　この列島の旧石器時代と縄紋時代との文化的連続性について諸賢が慎重を期
しているとき，本書の姉妹編『食べ物の民俗考古学―木の実と調理道具―』で
取り上げた旧石器時代の「搗き台石」，硬い木の実や種を割った「敲き石」や
「台石」，本書で扱った「木割り楔」などは縄紋時代に連続しており，それがさ
らには現代まで伝承されていると論じた。それらはどれも「民俗考古学的研究
方法」に基づいた考察から得られた帰結だが，その視点に立って日本文化を樹
木に例えるなら，上記の諸例は，日本文化の根っこが縄紋時代の地層を突き抜
けて旧石器時代まで届いていることを明示している。ではその広がりはどうか。

　平成26（2014）年の年明け，鹿児島県霧島市に住む友人で南方民俗文化研究
所を主宰する川野和昭さんから細長い郵便物が届いた。便りとともに出てきた
のはブータンで自身が採集したという諸データを書いたラベル付きの刃物の鞘
で，25cmを超える全体の4か所に4～6cm幅のサクラの樹皮がきっちりと巻か

れていた。彼の意図は直ぐに理解できたので注視したところ，そのサクラの樹皮には継ぎ目がなかった。

　福井県鳥浜貝塚から，発掘されたときにはすっかり緩んでいたが継ぎ目のないサクラの樹皮輪を装着していた縄紋時代前期の石斧柄が発掘されている。自分はその例を含めた縄紋時代以降の各種の樹皮採取法が民具につながっていることについて，以前から書いたり述べたりしてきた。その中でも少数派である「抜き取り法」の縄紋時代前期例と共通する現代の樹皮採取技術例が民俗学者の手によってブータンに住む普通の生活者から採集された事実は重い。自分は樹皮を使ってきた日本の文化との関連性を考究するには，それまで視野に入れてきた中国東北部，ロシア極東だけではなく東アジア，東南アジアにも目配りしなければならないことに気付かされたのである。そういえば，ひところ盛んに研究された照葉樹林文化は，歴史時代以前の日本文化の基層に東南アジア方面の民俗的文化が深く関わっていることを追究しようとしたものであった。

　縄紋時代人が，折れた磨製石斧を「木割り楔」として再利用したこと，古墳時代にはその後継器種が鉄で作られ，それが民具の［袋矢］に連続したことは前掲拙著で述べた。本書第4章に書いたように木を割った磨製石斧の探索をいっそう推し進めた結果，その類の石器が与那国島から礼文島まで分布していることが確認できた。それぞれの島から見える距離にあるという台湾やサハリンにも，もしかしたら日本の民具のように木割り楔を木口に打ち込んで木を割り始める手法が分布しているのではないか。また本書では，縄紋時代人の履物を推察した際，［ぞうり］や［わらじ］の底を「4本芯縄」を基にして組む民俗的技術が沖縄県の先島諸島から北海道まで共通していることに注目した。この技術が，はたして列島内だけに留まるものか興味深い。また，わが国の籠作り技術が縄紋時代に確立され，土器文化圏を超えて広く分布していることは本書で述べたとおりだが，それが東南アジア方面の籠作り技術と甚だ濃密に関連していることはすでによく知られている。

　こうして見ると，日本文化の基層を形成していると認識されているさまざまな要素が列島内だけに留まるものでなく，東アジアから東南アジア，ロシア極東に展開しているそれぞれの土地の民俗的文化に通じている気配は濃厚である。日本の文化は，旧石器時代以降，さまざまな時代を通して，海を隔てた各地と

の間でヒトと文化の往き来が行われて形成されたものであろう。

　今述べたような時間軸，空間軸を自在に往来する思考の根幹は「民俗考古学的研究方法」に基づいて得られたものである。その研究法は近隣諸国においても成立し得ると思われ，それぞれの国における発掘事実と民具や民俗的技術との関連性がどこまで究明されているか大いに関心があるが，諸国の考古学の方向性や発掘事情は，精緻な発掘調査が行われるわが国の場合と必ずしも同様ではないらしい。

　ミクロの世界を見るには電子顕微鏡が，何千光年も離れた宇宙の彼方を見るには電波望遠鏡が必要であるように，この列島の後期旧石器時代から現代に至る文化の基層や大陸側との関連性を垣間見ることができる覗き窓になり得るのは「民俗考古学的研究方法」である。現行の考古学研究法にはない，民具学や民俗学の研究成果を参考にするこの研究法が日本文化の成り立ちや広がりを理解するうえで少しでも役立つとしたら，それは縄紋時代から伝承されてきた民俗的技術や知識を自分に教えてくださった多くの古老の方々のお陰である。今は向こう岸に渡ってしまった皆様から頂戴した御恩は山よりも大きい。皆様には心からの感謝と尊敬の想いを捧げたいのである。

　本書の執筆にあたり，諸資料を拝見させていただいたり諸情報の提供にご協力をいただいたりした諸機関，各方面の皆様のご親切に対しては，どれほど感謝しても，し足りない。諸機関が収蔵している遺物が従前とは異なる視点から観察し直され，新たな発見につながることを期待したい。

　2019年6月

名 久 井 文 明

引 用 文 献

青森県埋蔵文化財調査センター編 1988『上尾駮（2）遺跡Ⅱ（B・C地区）発掘調査報告書』

青森県教育庁文化課編 1998『三内丸山遺跡Ⅸ　第6鉄塔地区調査報告書2（第1分冊）』

青森県教育庁文化財保護課編 2017『三内丸山遺跡44 総括報告書　第1分冊』

秋田県埋蔵文化財センター編 2000『戸平川遺跡』

秋田県教育委員会編 2003『物見坂3遺跡』

秋田県教育委員会編 2004『向様田A遺跡　遺物篇』

秋田県教育委員会編 2008『阿仁マタギ用具』

朝日村教育委員会編 2002『元屋敷遺跡Ⅱ（上段）図面図版編』

安斎正人 2017『縄紋時代史　上 縄紋人の祖先たち』敬文舎

石狩市教育委員会編 2005『石狩紅葉山49号遺跡発掘調査報告書　第2分冊 実測図版編』

石川県教育委員会編 2004『三引遺跡』

石川県立埋蔵文化財センター編 1989『金沢市米泉遺跡』

犬飼哲夫 1939「アイヌの木皮舟」『北方文化研究報告』第1輯，北海道帝国大学北方文化研究室（昭和62年復刊，思文閣出版）

今金町教育委員会編 2002『ピリカ遺跡Ⅱ』

いわき市教育委員会編 2000『根岸遺跡』

岩崎佳枝校注 1993「七十一番職人歌合」『新日本古典文学大系』61，岩波書店

岩手県埋蔵文化財センター編 2000『上野平遺跡発掘調査報告書』

岩手県埋蔵文化財センター編 2013『下嵐江Ⅰ遺跡・下嵐江Ⅱ遺跡発掘調査報告書』

岩手県立博物館編 1991『北国の樹皮文化』第32回企画展 展示資料図録

岩手考古学会編 2007『岩手県における縄文文化の諸相　資料集』

上江洲均 1982『沖縄の暮らしと民具』慶友社

上江洲均 1995『ふるさと沖縄の民具』沖縄文化社

上江洲均 2005『沖縄の民具と生活―沖縄民俗誌Ⅰ―』榕樹書林

大分県教育委員会編 1992『下郡桑苗遺跡Ⅱ』

大阪市文化財協会編 1998『長原遺跡東部地区発掘調査報告Ⅰ』

大村聰子 1966「弥生時代の石斧に関する2・3の問題」『物質文化』第7号

大森貝塚保存会編 1967『大森貝塚』中央公論美術出版

大和久震平 1974『七廻り鏡塚古墳』

岡山県教育委員会編 1984『百間川原尾島遺跡2』

岡山県教育委員会編 1996『津寺遺跡 3　本文編』

岡山県古代吉備文化財センター編 2001『下庄遺跡　上東遺跡』

小川浩一 1996「6　五所四反田遺跡」『古代の木製食器　第Ⅱ分冊』埋蔵文化財研究会

沖縄県教育庁文化課編 1985『与那国島　トゥグル浜遺跡』

小矢部市教育委員会編 2007『桜町遺跡発掘調査報告書　木製品・繊維製品・植物編』

香川県教育委員会編 2002『鴨部・川田遺跡 Ⅲ　第 1 分冊』

鹿児島県立埋蔵文化財センター編 2005『桐木耳取遺跡』

鹿児島県立埋蔵文化財センター編 2007a『上水流遺跡』

鹿児島県立埋蔵文化財センター編 2007b『農業開発総合センター遺跡群Ⅳ　諏訪牟田遺跡
　　　諏訪前遺跡 南原内堀遺跡 加治屋堀遺跡』

鹿児島県立埋蔵文化財センター編 2010『宮ノ上遺跡　旧石器時代編』

かながわ考古学財団編 1998『吉岡遺跡群Ⅴ　旧石器時代 3　縄文時代 2　草創期』

かながわ考古学財団編 1999『池子遺跡群Ⅹ　第一分冊』

かながわ考古学財団編 2000『原東遺跡』

金山町教育委員会編 1977『岩代の国——宮崎遺跡』（金山町史別巻）

上市町教育委員会編 1984『北陸自動車道遺跡調査報告—上市町木製品・総括編—』

萱野茂 1978『アイヌの民具』『アイヌの民具』刊行運動委員会

川井村教育委員会編 2003『平成14年度国指定重要有形民俗文化財　北上山地川井村の山村
　　　生産用具コレクション（第一分冊）（第二分冊）』

喜多川守貞・朝倉治彦編 1981『自筆影印 守貞漫稿』東京堂出版

君津郡市文化財センター編 1996『常代遺跡群』第 3 分冊「常代遺跡弥生時代大溝」

京都大学文学部国語学国文学研究室編 1968『諸本集成　倭名類聚抄（本文編）』

京都府埋蔵文化財調査研究センター編 2004『京都府遺跡調査報告書　第36冊 図版編』

国東町教育委員会編 1996『横手遺跡群　陽弓遺跡』

熊本県教育委員会編 1988『曽畑』

黒板勝美・国史大系編修会編 1989『交替式・弘仁式・延喜式 前編』吉川弘文館

黒板勝美編 1992a『新訂増補 国史大系（普及版）延喜式 中編』吉川弘文館

黒板勝美編 1992b『新訂増補 国史大系（普及版）延喜式 後編』吉川弘文館

群馬県埋蔵文化財調査事業団編 1997『白倉下倉・天引向原遺跡Ⅳ（本文編）』

群馬県埋蔵文化財調査事業団編 2008『天ケ堤遺跡（2）—第 2 分冊　挿図編—』

小松茂美編 1979『伊勢物語絵巻 狭衣物語絵巻 駒競行幸絵巻 源氏物語絵巻』日本絵巻大成
　　　23，中央公論社

小松茂美編 1980『能恵法師絵詞 福富草紙 百鬼夜行絵巻』日本絵巻大成25，中央公論社

湖陵町教育委員会編 1994『御領田遺跡・三部竹崎遺跡』

埼玉県埋蔵文化財調査事業団編 2009『反町遺跡Ⅰ』

佐賀市教育委員会編 2009『東名遺跡群Ⅱ　第 5 分冊』

札幌市教育委員会編 2001『K39遺跡　第6次調査（第4分冊）』

佐原真 1994『斧の文化史』東京大学出版会

三条市教育委員会編 2013『五百川遺跡』

静岡県埋蔵文化財調査研究所編 2009『梅ノ木沢遺跡Ⅱ（旧石器時代編）』

島根県教育委員会編 1982『朝酌川河川改修工事に伴う西川津遺跡発掘調査報告書』

島根県教育委員会編 1987『タテチョウ遺跡発掘調査報告書』

下宅部遺跡調査団編 2006『下宅部遺跡Ⅰ（2）』

ジョン・バチラー（安田一郎訳）1995『アイヌの伝承と民俗』青土社

神宮司庁 1970『古事類苑　器用部 二』吉川弘文館

杉山寿栄男 1930「石器時代有機質遺物の研究概報——特に是川泥炭層出土品に就いて」『史前学雑誌』第2巻第4号

杉山寿栄男 1942『日本原始繊維工芸史（原始編）』雄山閣

仙台市教育委員会編 1983『茂庭』

仙台市教育委員会編 1996『中在家南遺跡他　第1分冊 本文編』

仙台市教育委員会編 2003『山田上ノ台遺跡』

仙台市教育委員会編 2008『長町駅東遺跡　第1・2次調査』

滝沢村教育委員会編 2010『「もの」から見た駿河家の暮らし——江戸・明治・大正・昭和』

竹内理三編 1967『寧楽遺文　中巻』東京堂出版

田中祐二 2002「鳥浜貝塚出土の石器群（1）——草創期石器群の器種分類」『鳥浜貝塚研究』3

田平町教育委員会編 1988『里田原』

玉川文化財研究所編 2003『神奈川県小田原市　羽根尾貝塚』

茅野市教育委員会編 1990『棚畑』

坪井正五郎 1893「西ヶ原貝塚探究報告　其四」『東京人類学会雑誌』第9巻第93号

坪井正五郎 1899「日本石器時代の網代形編み物」『東京人類学会雑誌』第14巻第161号

帝室博物館編 1929『正倉院御物図録』第2輯

東京都埋蔵文化財センター編 1998『多摩ニュータウン遺跡　先行調査報告9』

東京都埋蔵文化財センター編 2005『多摩ニュータウン遺跡——№72・795・796遺跡』

徳島県教育委員会編 2008『田井遺跡』

苫小牧市教育委員会編 2002『静川25遺跡』

都立府中病院内遺跡調査団編 1984『武蔵台遺跡Ⅰ』

長野県考古学会編 1967『佐野』

長野県埋蔵文化財センター編 2000a『—信濃町内　その一——貫ノ木遺跡・西岡A遺跡 旧石器時代　本文編』

長野県埋蔵文化財センター編 2000b『日向林B遺跡・日向林A遺跡・七ツ栗遺跡・大平B遺跡　旧石器時代 図版編』

長野県埋蔵文化財センター編 2004『仲町遺跡　第1分冊』『同　第2分冊』

名久井文明 1988「東日本における樹皮製民具の製作技術とその確立期について」『山と民具』雄山閣

名久井文明 1996「樹皮製容器の機能を探る―樹皮鍋を用いた調理実験―」『日本考古学協会第62回総会　研究発表要旨』

名久井文明 1997「樹皮製容器の機能を探る（Ⅱ）―予察　土器はいかにして発明されたか―」『日本考古学協会第63回総会　研究発表要旨』日本考古学協会

名久井文明 1999『樹皮の文化史』吉川弘文館

名久井文明 2006「トチ食料化の起源―民俗例からの遡源的考察―」『日本考古学』第22号

名久井文明 2009「縄紋時代から受け継がれた現代網代組み技術」『日本考古学』第27号，日本考古学協会

名久井文明 2011「木を割った磨製石斧と，その後継器種」『東北芸術工科大学研究紀要』第10号

名久井文明 2012『伝承された縄紋技術　木の実・樹皮・木製品』吉川弘文館

名久井文明 2014「土器の誕生――民俗考古学からの推察」『研究紀要』13，東北芸術工科大学東北文化研究センター

名久井文明 2015〜16「現代籠作り技術の起源――民俗考古学からの探究【一】〜【六】」『民具マンスリー』第48巻6号〜第49巻4号，神奈川大学日本常民文化研究所

名久井文明 2019『食べ物の民俗考古学―木の実と調理道具―』吉川弘文館

名久井文明・名久井芳枝 2001『山と生きる　岩手県九戸郡山形村小国　内間木安蔵家の暮らし』一芦舎

名久井文明・名久井芳枝 2008『地域の記憶　岩手県葛巻町小田周辺の民俗誌』一芦舎

名久井芳枝 1986a『実測図のすすめ――モノから学術資料へ』一芦舎

名久井芳枝 1986b「山村の藁製品　岩手県北部のつまご，わらじ，じょうり」『民具マンスリー』第18巻11号，神奈川大学日本常民文化研究所

名取武光 1972「北海道の土器」『アイヌと考古学（一）』名取武光著作集Ⅰ，北海道出版企画センター

新潟県埋蔵文化財調査事業団編 2004『青田遺跡（図面図版編）』

新田町教育委員会編 1999『松ノ木・梅ノ木・振矢遺跡』

沼津市教育委員会編 1990『雌鹿塚遺跡発掘調査報告書Ⅱ　遺物編』

階上町教育委員会編 2002『小板橋（2）遺跡』

塙保己一編 1982『群書類従・第二十八輯雑部』続群書類従完成会

塙保己一編 1983『群書類従・第九輯文筆部 消息部』続群書類従完成会

馬場脩 1979『樺太・千島考古・民族誌3』261〜262頁，北海道出版企画センター

福井県教育委員会編 1979『鳥浜貝塚―縄文前期を主とする低湿地遺跡の調査1―』

福井県埋蔵文化財調査センター編 2000『茱山崎遺跡Ⅱ』

福井県埋蔵文化財調査センター編 2003『四方谷岩伏遺跡』

福井県埋蔵文化財調査センター編 2009『吉河遺跡』

福岡市教育委員会編 1983『拾六町ツイジ遺跡』

福岡市教育委員会編 1989『板付周辺遺跡調査報告15　高畑遺跡第12次調査地点』

福岡市教育委員会編 1991『比恵遺跡群（10）』

福島県教育委員会編 2006『こまちダム遺跡発掘調査報告4　沢目木B遺跡』

北海道埋蔵文化財センター編 1985a『今金町　美利河1遺跡』

北海道埋蔵文化財センター編 1985b『礼文島幌泊段丘の遺跡群　東上泊・上泊3・上泊4
　　遺跡』

北海道埋蔵文化財センター編 1989『小樽市忍路土場遺跡・忍路5遺跡　第4分冊』

北海道埋蔵文化財センター編 1992『恵庭市　ユカンボシE4遺跡』

北海道埋蔵文化財センター編 1998『千歳市キウス5遺跡（5）A－2地区　第2分冊』

三島市教育委員会編 1999『初音ヶ原遺跡』

三島町教育委員会編 1990『荒屋敷遺跡Ⅱ』

宮城県教育委員会編 2001a『市川橋遺跡の調査　第二部　遺物図版編』

宮城県教育委員会編 2001b『山王遺跡八幡地区の調査2』

宮古市北上山地民俗資料館編 2017「資料紹介28［炭すご］」『資料館だより』No. 23

宮崎県埋蔵文化財センター編 2007『勘大寺遺跡（二次調査）』

宮崎市教育委員会編 2018『清武上猪ノ原遺跡　第5地区』

盛岡市教育委員会編 1995『小屋塚遺跡―第1～27次発掘調査報告―』

八雲村教育委員会編 2001『前田遺跡（第Ⅱ調査区）』

山形県埋蔵文化財センター編 1994『西ノ前遺跡発掘調査報告書』

山形県埋蔵文化財センター編 2004『板橋1遺跡　板橋2遺跡』

大和市No.199遺跡発掘調査団編 2008『上草柳遺跡群大和配水池内遺跡Ⅰ発掘調査報告書』

182

著者略歴

1942年　東京都に生まれる
1965年　国學院大學文学部史学科卒業
現在　物質文化研究所一芦舎代表
〔主要著書〕
『九十歳　岩泉市太郎翁の技術』（一芦舎，1995年）
『樹皮の文化史』（吉川弘文館，1999年）
『山と生きる　岩手県九戸郡山形村小国　内間木安蔵家の暮らし』（共著）（一芦舎，2001年）
『地域の記憶　岩手県葛巻町小田周辺の民俗誌』（一芦舎，2008年）
『伝承された縄紋技術—木の実・樹皮・木製品—』（吉川弘文館，2012年）

生活道具の民俗考古学　籠・履物・木割り楔・土器

2019年（令和元）10 月 20 日　第 1 刷発行

著　者　　名
な
久
く
井
い
文
ぶん
明
めい

発行者　　吉　川　道　郎

発行所　株式会社　吉川弘文館
〒113-0033 東京都文京区本郷 7 丁目 2 番 8 号
電話 03-3813-9151〈代〉
振替口座 00100-5-244
http://www.yoshikawa-k.co.jp/

印刷＝亜細亜印刷株式会社
製本＝株式会社 ブックアート
装幀＝河村誠

名久井文明著

食べ物の民俗考古学
―木の実と調理道具―

本体四五〇〇円（税別）

〈本書の内容〉

食料の乾燥処理、備蓄
　クリの乾燥、備蓄
　「どんぐり」の乾燥、備蓄
　トチの乾燥、備蓄
　炉上の乾燥空間利用

木の実を搗いた「搗き台石」
　縄紋時代の石臼
　「搗き台石」の諸態様
　旧石器人が残した小さなサークル―旧石器時代にもあった「搗き台石」

硬い木の実や種を割った石器
　民俗事例に見るクルミの利用
　硬い木の実を割った鉄器以前の石器

「あく」抜き技術の開発史―試論
　4種に分類される民俗事例の「あく抜き」技術
　「あく抜き」技術の起源探究

甑以後のこと
　甑の終焉
　さな蒸し

民俗考古学的研究方法
　濱田青陵が将来した考古学研究法の限界
　民俗考古学的研究方法

吉川弘文館